KB074543

어느 날 아이가 영어로 말을 걸어왔다

어느 날 아이가 영어로 말을 걸어왔다

초판 1쇄 인쇄 | 2022년 3월 21일
초판 1쇄 발행 | 2022년 4월 4일

지은이 미라클맘 김은영
발행인 이승용

편집주간 이상지 | **편집** 임경미
마케팅 이정준 정연우
북디자인 이영은 | **홍보영업** 백광석
제작 및 기획 백작가

브랜드 치읓
문의전화 02-518-7191 | **팩스** 02-6008-7197
홈페이지 www.shareyourstory.co.kr
이메일 publishing@lovemylif2.com

발행처 (주)책인사
출판신고 2017년 10월 31일(제 000312호)
값 16,000원 | **ISBN** 979-11-90067-55-3 (03320)

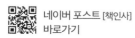
네이버 포스트 [책인사]
바로가기

네이버 카페 [작가수업]
바로가기

미라클 맘
김은영

어느 날 아이가
영어로 말을 걸어왔다

MOM, You Need A Strategy
엄마만이 할 수 있는 영어의 전략

정말 영어 머리는 타고나는 것일까? 아니다!!

"우리 아이들은 어려서 영어를 배운 기억이 전혀 없다고 했다.
영어를 배우되 모국어처럼 무의식적으로 습득하였기 때문이었다."

※ 영어책은 뭘 사야 하나요?
※ 영어유치원, 영어 학원에 보내야 할까요?
※ 영어 DVD, 자막으로 봐도 될까요?

두 아이를 영어 천재로 키운 평범한 엄마의 특별한 영어 교육 전략!!
'우리 집 영어도서관 만들기' 20년 노하우를 모두 담아내다

contents

3장 엄마표 영어 워밍업

4장 엄마표 영어 실천 로드맵

◈ 엄마표 영어 터 잡기

5장 엄마표 영어를 위한 습관 만들기

6장 이런 게 궁금해요

아이가 유치원에 다니던 6살 무렵이었다. 퇴근해서 집에 오니 아이가 쪼르르 달려와 품에 안겼다.

"엄마, 오늘 엔지에게 우리가 주말에 다녀온 산에 관해 얘기해 줬더니, 엔지도 가고 싶다고 부러워했어요."

"엔지에게 그런 말을 했어?"

"네, 엄마, 다음에 놀러 갈 때 엔지도 같이 가면 안 돼요?"

'외국인이랑 여행을 간다고?'

그건 한 번도 생각해 본 적이 없는 일이었다. '엔지'는 아이 유치원의 원어민 교사로 20대 미국인이었다. 아이가 영어로 말하는 걸 즐기다 보니 유치원에 가면 원어민 교사들과 아주 친하게 지냈고 집에 오면 외국인들과 나눈 이야기들을 종종 들려줬지만, 가족여행에 외국인이 동행하리라 생각해 본 적은 없었다.

"우리 가족이랑 같이 가면 엔지가 불편해할 수도 있을 텐데."

"엄마, 제가 내일 엔지에게 물어볼게요. 이번 주에 우리 가족이랑 같이 여행 갈 수 있냐고요."

그리고 다음 날 퇴근해서 집에 오자 아이가 기다렸다는 듯이 내게 달려왔다.

"엄마, 엔지가 같이 가고 싶데요. 우리 엔지랑 같이 놀러 가요!"

그렇게 우리 가족은 외국인과 첫 여행을 시작했다. 첫 번째 여행지는 담양 죽녹원이었다. 차를 타고 죽녹원까지 가는 내내 아이들은 엔지에게 바깥 풍경이며 눈에 보이는 이것저것을 설명해 줬다. 목적지에 도착해서는 엔지와 영어로 떠들며 죽녹원을 놀이터 삼아 신나게 돌아다녔다. 남편은 그런 아이들 모습을 신기해했다.

평소 말수가 적었던 작은아이도 엔지와 깔깔거리며 손을 꼭 잡고 죽녹원을 돌아다녔다. 남들은 비싼 돈 주며 원어민 과외를 한다는데, 영어에서 자유로우니 원어민과 자연스럽게 여행이 가능했다. 공부가 아닌 외국인 친구와 온종일 자연과 놀이를 즐기며.

그날 이후 우리 가족은 많은 외국인과 여행을 다녔다. 차를 타고 멀리 여행을 가기도 했고 함께 산책하거나 산을 오르기도 했다. 재미있는 영화를 보고 맛집도 다니며 생생한 경험과 추억을 쌓았다.

이러한 경험은 학원에서 하는 영어 공부 방법으로는 도저히 불가능한 것이다. 엔지는 내게 우리 아이들을 보면 신기하다고 했다. 한국에서 태어났는데 영어권 문화에 익숙하고 영어도 놀랄 정도로 능숙하다고 했다. 이것이 엄마표 영어의 힘이 아닐까 싶다. 생활 속에서 자연스럽게 습득한 영어는 '공부'가 아니라 의사소통을 하고 생각을 담을 수 있는 '언어'가 되기 때문이다.

아무리 아이들에게 영어를 가르치고 싶다고 해도 내가 즐겁지 않았다면 20년 가까운 시간을 한결같이 아이들과 함께할 수 없었을 것이다. 처음 아이들과 영어를 시작한 건 영어를 상속해 주고 싶은 마음에서였다. 하지만 아이들과 함께하며 깨달은 사실은 아이들과 함께하는 시간은 내가 하는 아이들의 숙제가 절대 아니라는 것이다.

'아이가 처음 내게 영어로 말을 걸던 날,
영어동요를 듣고 꼼지락거리던 아이의 귀여운 손가락,
신문지에 쓴 영시를 선물이라며 내게 건네주던 순간,
아이와 저녁마다 읽었던 영어동화들,
아이들과 잠들기 전에 들었던 《매직트리하우스》,
원어민들과 함께했던 가족 여행 등…'

그동안 아이들과 함께한 추억 하나하나가 지금도 나를 미소 짓게 한다.
이 책을 쓰는 동안 아이들과 함께 봤던 애니메이션을 시간 날 때마다 다시 봤다. 애니메이션을 보며 즐거워하던 아이들과의 추억을 다시 생각해 내는 것만으로도 너무 행복했다. 그리고 그러한 추억을 많은 부모가 함께할 수 있기를 바라본다.

아이들과 함께하며 영어 실력이라는 목표에 집중하기보다 '영어라는 언어'로 아이와 즐기는 과정에 집중하였으면 좋겠다. 《레 미제라블》을 쓴 프랑스의 소설가 빅토르 위고는 "삶의 가장 큰 행복은 우리 자신이 사랑받고 있다는 믿음으로부터 온다"고 했다. 엄마표 영어는 엄마가 아이에게 일방적으로 영어를 가르치는 학원이 아니라 영어라는 언어로 아이에게 사랑을 표현하고 함께 성장해 가는 과정이다. 아이와 부모가 함께할 수 있는 소중한 추억과 기억을 선물 받는 것이며 영어는 덤으로 따라올 뿐이다.

이 책에 다 담지 못한 영어책과 기타 영어 자료는 본문에 '미라클맘의 영어도서관' 블로그와 유튜브 QR코드를 함께 수록했다. '미라클맘의 영어도서관' 블로그와 유튜브를 방문하면 더 많은 자료를 확인할 수 있다.

1장.

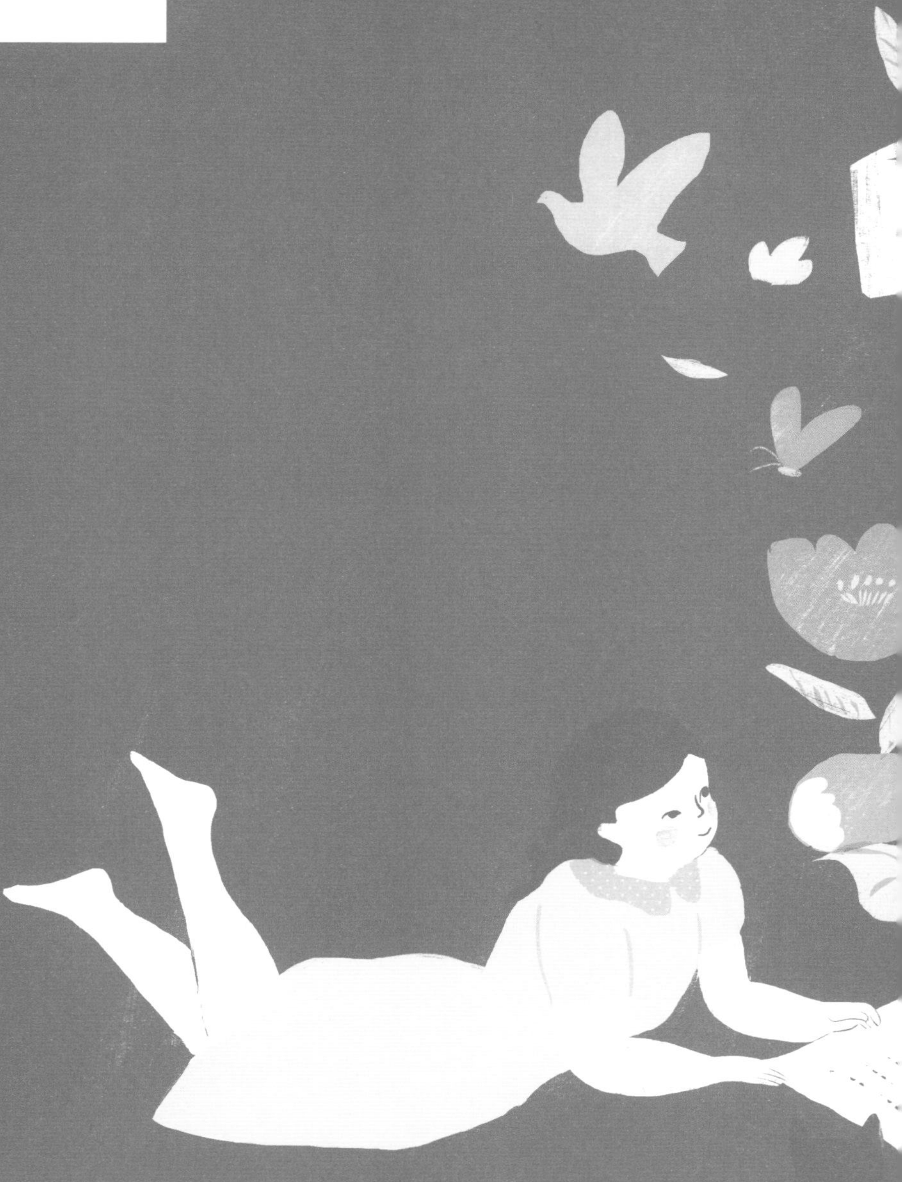

엄마표 영어 10년 vs 학교 영어 12년

언어 능력은 타고나는 것일까?

카페에 앉아 글을 쓰는데 옆 테이블에서 엄마들의 이야기 소리가 들려왔다.

"우리 아들은 영어를 왜 그렇게 못하는지 모르겠어. 다른 과목 전부 1등급 받으면 뭐 해? 영어를 못 끌어올리는데. 내가 우리 아들한테 쏟아부은 돈이 수천만 원인데 어쩜 그리 영어를 못하나 몰라. 영어 머리가 없나 봐. 방학 때마다 유명 학원 보내고 원어민 붙여 과외 시켜도 소용없더라고."

정말 영어 머리는 타고나는 것일까?

작은아이에게 중2병이 사춘기와 함께 왔다. 그 상태가 최고조에 달한 남자아이와는 도저히 전처럼 집에서 영어 교육을 진행하는 것이 어려웠다. 결국 상의 끝에 영어 학원을 가게 되었고 얼마 후 학원 선생님께서 상담 전화를 주셨다.

"어머니, 아이가 전에 어디서 영어를 공부했나요?"

"집에서 저랑 공부했어요. 왜 그러시죠?"

"그래요? 아이의 영어 '감'이 너무 좋아서 깜짝 놀랐어요."

그러면서 작은아이에게 언어 소질이 있다고 했다. 그런데 작은아이는 다른 언어 과목은 별로 좋아하지 않는다. 언어 소질이 있는 아이가 언어 과목을 좋아하지 않는다는 걸 어떻게 설명해야 할까?

황농문 교수의 《몰입영어》에 의하면 언어 소질은 타고나는 게 아니라 얼마나 영어를 잘하고 싶은가 하는 내적 동기와 관련이 있으며, 노력으로 향상할 수 있다고 한다. 강력한 내적 동기를 가지고 노력하면 언어 소질은 얻어질 수 있다는 것이다.

내가 아이들에게 바라는 영어 실력은 학문 수준의 능력이 아닌 우리말처럼 영어를 말하고 듣고 읽고 쓰는 능력이었다. 어려서부터 만들어준 모국어와 비슷한 영어 습득 환경과 엄마와의 소통을 위한 내적 동기는, 아이가 영어를 모국어처럼 사용할 수 있게 하였다. 언어 과목을 싫어하고 암기를 질색하는 작은아이의 영어 '감'은 이렇게 얻어진 것이었다.

우리 아이들뿐만 아니라 주변의 아이 중 어려서부터 충분한 영어환경을 제공받은 경우는 대부분 뛰어난 영어를 구사했다. 하지만 적절한 영어 습득 시기를 놓치고 환경을 제공받지 못한 아이들은 울렁증을 가질 정도로 영어를 싫어하는 모습도 종종 볼 수 있었다.

우리가 아이들에게 원하는 영어 실력은 모국어 수준의 의사소통 능력이지 전문적인 학문 수준의 영어 능력을 원하는 것이 아니다. 그리고 모국어 수준의 영어 능력은 다른 사람보다 뛰어난 언어 감각이 있어야 하는 것이 아니다. 결국, 모국어 수준의 영어 능력을 갖추기 위해서는 '타고난 언어 능력'이 아닌 '영어 습득 시기와 방법'이 문제가 될 것이다.

따라서 적절한 시기에 모국어와 비슷한 영어환경을 제공하고 충분한 인풋을 제공한다면, 타고난 언어 능력과 별개로 언어로서의 영어를 습득할 수 있게 된다.

습득 vs 학습

얼마 전 모 방송의 예능 프로그램에서 조기 영어교육에 대한 에피소드를 본 적이 있다. 방송의 주인공들은 이제 막 돌이 지난 아이의 조기 교육을 위해 문화센터를 방문했다. 프로그램은 그곳에서 만난 부모들이 돌 전부터 조기 영어교육을 시작했다는 말에 자극을 받은 주인공들이, 자신의 아이에게도 조기 영어교육을 시작하려는 과정을 담고 있었다.

그런데 이 프로그램을 보며 무척 안타까웠던 점이 있다. '왜 영어교육을 일찍 시작해야 하는지', '아이의 성장 발달은 어떤 과정을 거치는지'에 대해 알아보거나 고민하는 과정 없이 '일찍 시작하는 게 좋다더라', '그냥 집에서 영어를 들려주면 언젠가는 들린다더라' 하는 다른 사람들의 말만 듣고 덜컥 조기 영어교육을 시작하려는 모습이었다.

내가 영어교육을 일찍 시작한 이유는 여유를 가지고 아이들과 함께하며 천천히 임계치에 이를 때까지의 영어 인풋을 제공해 주고 싶어서였다. 영어동화, 영어동요, 영어놀이로 아이와 상호작용하며 영어 소리를 채워 영어 습득을 위한 최적의 영어 환경을 만들어 주고자 했다.

Krashen의 '습득-학습 분리가설'(*acquisition learning hypothesis*)에 의하면 '습득'이란 자연스러운 의사소통을 통해 무의식적으로 언어를 배워 나가는 것을 뜻하며, '학습'은 교실과 같은 인위적인 환경에서 언어 규칙을 파악해 가는 의식적인 과정을 말한다고 한다.

유아기부터 일정 나이까지의 아이들은 제2외국어일지라도 '습득'의 과정을 통해 누구나 비슷한 단계를 거쳐 무의식적인 언어 습득을 할 수 있다. 부모의 배려와 적절한 영어환경만 제공한다면 최적의 영어 습득을 할 수 있는 것이다.

큰아이가 돌이 지나면서부터 모국어와 비슷한 영어환경을 만들어 줌으로써 언어로 영어를 습득할 수 있도록 하였다. 습득과 학습의 차이는 아이들이 영어를 배우는 과정을 의식하고 있는지이다. 무의식적인 습득이 중요한 것은 아이들에게 스트레스를 유발하지 않고 자연스럽게 언어를 배울 수 있기에 그 효과가 의식적 학습과 현격히 차이가 난다는 점이다.

무의식적인 영어 습득은 우리말과 같은 방법으로 가능하다고 생각했다. 다시 말해 우리말처럼 듣기, 말하기, 읽기, 쓰기 순서로 영어를 습득하게 하는 것이었는데, 이를 위한 첫 단계는 듣기였다. 아이들이 우리말 한마디를 뱉기 위해 수천 개의 문장을 들어야 하듯 영어도 같은 양의 영어 소리를 들어야 한다고 생각했고, 그런 환경을 만들어 주기 위해 집에서 아이와 상호 작용하며 많은 양의 영어 소리를 들려주려고 하였다.

우리 아이들은 어려서 영어를 배운 기억이 전혀 없다고 했다. 영어를 배우되 모국어처럼 무의식적으로 습득하였기 때문이었다.

영어는 배우는 시기에 따라 학습 방법이 달라져야 한다. 10세 이전에 모국어와 비슷한 영어 환경을 제공해 준다면 무의식적인 영어 습득이 가능해 스트레스 없이 즐겁고 효과적으로 영어를 배울 수 있다. 하지만 이 시기를 놓쳐 버리면 의식적인 학습으로 영어를 배워야 한다. 학습과목으로써 영어 공부는 언어 습득의 즐거움을 느끼지 못하게 한다. 공부라는 지겹고 힘든 과정으로 생각하게 해 내재적 동기 없는 기계적 공부로 그 효과마저 현저히 떨어뜨린다. 언어로서의 영어를 배울 수 없게 되는 것이다.

나의 영어 진행을 지켜본 동생도 아이를 낳자 조카들과 영어를 시작하였다. 얼마 전 할머니 집에 내려온 조카들을 보러 갔을 때 재미있는 가방이 눈에 뜨였다. 책을 넣어서 온 에코 백이었는데 기성품 같아 보이지 않아서 물어보니 조카가 초등학교 3학년 때 만든 가방이라고 했다. 에코백의 앞면은 그림과 함께 'BE A DREAMER'라는 주제로 꾸몄고, 뒷면은 'John Lennon'의 〈Imagine〉이라는 팝송으로 꾸며져 있었다.

여기까지만 보면 뭐 특별한 게 있을까 싶겠지만, 이 가방에 쓴 모든 문구며 팝송은 보고 베낀 게 아니라 조카 혼자 생각나는 대로 써서 만들었다는 것이다. 동생이 올드 팝송을 좋아해서 여행 다닐 때마다 차 안에서 같이 듣곤 했었는데, 조카가 그때 들은 팝송을 생각나는 대로 적어서 가방을 만든 것이었다. 학원만 다니며 영어를 배운 초등학교 3학년이라면 영어 팝송을 소재로 자기만의 가방 만들기가 가능했을까?

어려서부터 영어를 시작한 조카는 초등학교 입학 전에도 종이만 있으면 영어로 뭐든 쓰는 걸 좋아했었다.

"○○아, 뭘 쓰고 있어?"

"이모, 저 영어로 시(*poem*)를 쓰고 있어요."

자세히 보니 조카는 영어 라임(*rhyme*)을 맞춰가며 자신만의 영시를 쓰고 있었다. 한국의 6~7세짜리 꼬마가 시간만 나면 영어로 시를 쓰는 모습이 상상되는가?

나는 '영어는 언어니까 한국말과 같은 방법으로 습득한다면 한국말과 같은 결과가 나올 수 있을 것'이라는 생각으로 아이들과 영어를 시작했다. 한국에서 우리말을 정상적으로 배운 아이라면 초등학교 입학 전에 간단한 우리말 동시는 만들 수 있듯이 조카는 그 수단이 영어일 뿐이었다.

영어는 듣기가 가득 차서 넘쳐야 말이 터진다. 말이 터지면 읽고 싶어 하고, 듣고 읽은 게 쌓여서 하고 싶은 이야기가 많아지면 자연스럽게 쓰기를 하고 싶어 한다. 학원 선생님이 시키는 영어 쓰기가 아닌 자기 생각이 넘쳐서 쓰기를 하게 되는 것이다. 스스로 쓰고 싶어서 쓴 글의 가치를 알 것이다. 아이가 스스로 쓰고 싶어질 때까지 손잡고 같이 걸어가 주는 것, 그것이 내가 바라는 영어 교육이다.

나는 어떻게 영어를 좋아하게 된 걸까?

학창 시절 10년 동안 영어를 배웠지만, 자막 없이 영화 보기는 상상도 할 수 없고, 외국인을 만나면 중학교 수준의 간단한 인사말도 두려운 것이 많은 성인의 영어 현실일 것이다. 이런 현실의 원인은 우리가 영어를 학습 과목으로 공부했기 때문이다. 학습 과목으로써의 영어는 '재미'가 없다.

많은 사람이 영어를 사용하는 원어민들의 생활과 문화 특성에 관한 관심과 흥미 없이 영어 단어를 외우고 문장을 분석하는 공부 기술만을 학습한다. 이렇다 보니 영어가 재미있다는 생각은 거의 해보지 못한 채 학창 시절을 보내고, 재미없는 '과목'이 되어 버린 영어는 투자한 시간만큼 학습 효과를 볼 수가 없게 되어버린 것이다. 재미있고 즐길 수 있는 언어로서의 영어가 되어야만 스스로 배우고 싶어지고 학습 효과도 제대로 나타날 수 있지 않을까?

나는 고입 연합고사를 마친 중학교 3학년 겨울 방학에 처음 영어 학원이라는 곳을 가게 되었다. 그리고 거기서 들은 영어강의는 그야말로 신세계였다. 나에게 중학교 시절 영어는 본문을 해석하고 연습문제를 풀고, 아무리 외워도 잊어버리는 문장 때문에 엄청나게 스트레스를 받는 과목이었다. 수행평가로 본문 외워 말하기가 있는 날에는 실수에 대한 걱정으로 화장실을 들락날락하다 보니 영어는 힘들게 외워야 하고 외우지 못하면 선생님께 혼나는 두려운 과목이었다.

특히 중학교 2학년 때 영어 선생님은 별명이 '주걱 선생님'이었는데 커다란 주걱을 가지고 다니시면서 본문 외우기를 못하거나 연습문제를 틀리면 여지없이 그 주걱으로 엉덩이를 때리셨다. 여중생들에게 엉덩이를 맞는 건 엄청 수치스러운 것이었고 그게 영어 때문이었으니 영어 과목은 내게 엉덩이를 맞지 않기 위해 외우는 과목으로 인식됐다. 그래서 영어 수업이 있는 날은 학교도 가기 싫게만 느껴졌다.

그러던 내게 학원의 영어강의는 신선한 충격이자 신세계였다. 당시 한참 유행했던 'ㅇㅇㅇ 기본영어' 강의를 한 시간 듣고 난 후, 영어는 내게 너무 재미있고 즐거운 과목이 되어버렸다. 엄청 유명하고 인기 있는 강의는 아니었지만, 성격상 분명한 걸 좋아하는 내겐 꼭 맞았다. 영어 품사, 문장성분, 구문 등을 하나하나 명쾌하게 설명해 주는 강의는 기존에 무조건 외워야 하는 학교 수업과는 너무 달랐다. 강의를 듣고 복습만 하면 문법 문제가 술술 풀렸고 학교에 가서도 다른 친구들은 어려워하는 문법을 난 무척이나 즐겼다.

영어를 좋아하니 잘하게 되었고 선생님은 그런 내게 칭찬을 아끼지 않으셨다. 칭찬까지 받으니 영어 공부는 나 스스로 즐기는 과목이 되었고 성적도 자연히 좋아졌다. 어떻게 나의 영어는 불과 1년 전에 제일 싫어하고 스트레스받는 과목에서 제일 좋아하고 잘하는 과목으로 바뀌게 된 것일까? 재미를 느끼지 못했던 때의 영어는 나에게 스트레스였지만, 재미있다고 생각하게 된 영어는 더는 스트레스가 아닌 재미있고 즐기는 대상이 된 것이다.

'노력하는 사람은 즐기는 사람을 이길 수 없다'는 말이 있다.

너무 공감했던 말이다. 어려서부터 엄마와 재미있는 영어동화를 읽고 영어동요를 따라 부르며 영어로 놀았던 우리 아이들에게 영어는 공부하는 과목이 아닌 엄마와 즐겁게 놀았던 '언어'였다.

그렇게 즐겁게 습득한 영어를 통해 영어책에서 재미있고 흥미로운 읽을거리를 만날 수 있었고 혼자서 책을 읽게 된 후부터는 아이들 스스로 영어책을 찾아 읽었다. 영어책 읽기가 너무 재미있어 온종일 영어책만 읽고 싶다고 하기도 했다. 조카의 경우도 시간이 많은 방학에 좋아하는 귤을 먹으며 온종일 영어책만 읽는 게 너무 행복하다고 했다. 아무리 의지가 강한 사람이라 하더라도 영어를 잘하고 싶어 온종일 아무것도 안 하고 영어책만 읽는 것이 노력으로 가능할까?

아이들과 영어를 하면서 난 항상 즐거웠다. 물론 아이들에게 더 많은 걸 전달해 주기 위해 영어책을 외우고 여러 가지 수업을 듣는 노력이 필요했지만, 그것은 아이들과 즐거운 책 읽기를 위한 나의 노력이었다. 영어는 외국어이기에 모국어가 아닌 상황에서 영어를 습득하려면 엄마나 아이 둘 중 한쪽은 힘들어야 한다.

난 기꺼이 내가 힘들기를 선택했고 나의 선택으로 우리 아이들은 아주 즐겁게 영어를 습득할 수 있을 거라고 생각했다. 하지만 19년 동안 영어를 하며 알게 된 사실은 아이들과 함께한 시간은 나의 고통의 시간이 아닌 아이들과 부대끼며 추억을 만드는 선물 같은 시간이었다는 사실이다.

말을 물가로 끌고 갈 수는 있어도 억지로 물을 먹일 수는 없다. 영어를 잘하게 하려면 영어를 가르쳐 주는 게 아닌 영어의 재미를 알게 해주는 것이 중요하다. 영어는 언어이기에 시험공부 하는 교과 과목이 아니라 즐기는 문화이어야 하며, 영어를 잘하기 위해서는 재미를 느끼고 즐길 수 있어야 가능한 것이다.

영어로부터 자유로운 아이로 키우고 싶다

아이의 영어 레벨이 올라가면서 국내에서 영어 오디오북 구입이 쉽지 않아 아마존 사이트에서 직접 영어 오디오북을 구입한 적이 있었다. 연간 구입권을 신청하고 결재를 했는데 분명 취소한 구입권에 대한 카드 대금이 청구되어 나왔다. 평소의 두 배가 넘는 청구서를 보고 놀라 카드사에 전화했다.

"해외 사용 건은 직접 사이트에 연락해 보셔야 해요. 저희는 해당 사이트에서 청구 들어온 데로 지급했기 때문에 고객님께서 직접 사용 내용과 이중청구 명세를 확인하셔야 해요."

'아마존에 직접 확인하라고?'

"다른 방법은 없나요? 해외 사용 명세는 전부 고객이 직접 확인해야 하나요?"

"저희 쪽에 해외 매출 담당 부서가 있긴 한데 상담 대기 인원이 많아서 시간이 오래 걸릴 수도 있으니 이점 양해 바랄게요."

아마존 사이트에서 확인해보니 분명 취소가 되어 있고, 아마존 쪽에서 오류로 이중 청구한 게 확인되는데, 카드사에서는 아마존에서 매출 취소가 들어오지 않으면 해결해 줄 수 없다는 것이었다. 전화를 끊고 혼자 씩씩거리며 인터넷을 뒤지고 있는데 큰아이가 "엄마, 그거 아마존 사이트에 가면 상담사와 1:1 상담으로 알아볼 수 있을 거예요." 하는 게 아닌가?

"웅? 그걸 어떻게 알고 있어?"

"얼마 전에 내 '킨들'이 오류 나서 나도 아마존에 접속해서 원격 상담받아 고쳤거든요."

아이의 말을 듣고 사이트에 접속해서 찾아보니 아이 말대로 담당자와 1:1로 상담 신청을 할 수 있는 창구가 있었다. 현지 시각으로 꽤 늦은 시간이었음에도 상담사는 나의 불편사항을 접수하고 바로 카드사에 청구 취소 처리를 해주었고 업무처리가 잘못된 점을 사과했다.

난 영어를 좋아하긴 했지만, 해외 사이트를 이용해 본 적이 없었기에, 만약 아이의 도움이 없었다면 상당히 고생을 했을 것이다. 당시 아이는 평소 친하게 지내던 원어민의 추천으로 영어 전자책(*e-book*)을 읽기 위해 아마존 킨들(전자책 단말기, *e-reader*)을 구입해 사용하고 있었다. 그런데 초등학생인 아이가 킨들 오류를 해결하기 위해 혼자서 아마존에 연락하고 영어로 의사소통을 하며 원격 조정을 받았다는 사실에 놀라움을 감출 수가 없었다.

'아! 맞아. 이런 게 영어로부터 자유로운 거지!'

나는 영어로부터 자유로운 아이로 키우기 위해 아이들과 영어를 시작했다. 영어는 공부하는 과목이 아니라 의사소통을 위한 '언어'이다. 단순히 영어라는 언어를 습득하는 것에서 나아가 영어를 활용해 세상과 소통할 수 있도록 해주고 싶었다.

특히 그런 과정에서 내가 활용한 영어책은 훌륭한 안내자가 되어 주었다. 우리 아이들은 어려서부터 엄마와 다양한 영어동화를 읽었다. 영어동화를 통해 우리와 다른 세상의 다양한 사람들과 그들의 나라, 문화, 언어 등에 관심을 가지며 성장하였다.

영어동화는 단어를 외우고 문장을 해석하는 영어 '공부'가 아니라 영어라는 '언어'를 사용하는 사람들과 그들이 사는 세상에 대해 알게 해주었다. 더 많은 세상을 궁금하게 만들어 주었으며, 그들이 사용하는 언어가 단지 영어라는 것을 알아가게 해 주었다. 또한 아이들 스스로 책을 읽게 된 후에는 이런 영어 세상을 마음껏 헤엄쳐 다녔다. 요즘처럼 인터넷으로 하나 된 세상에서 영어는 엄청난 정보 속에서 내가 원하는 것을 찾고 그것을 활용할 수 있는 마법의 열쇠였다.

큰아이와 작은아이는 좋아하는 음식이나 성향이 아주 다르다. 책을 좋아하는 큰아이와 달리 작은아이는 운동 같은 동적인 활동을 좋아하고 호기심이 많다. 그런 작은아이가 초등학교 3학년 때 '큐브'를 사달라고 했다. 같이 동네 문방구에서 가서 큐브를 산 그날부터 작은아이는 큐브 사랑에 홀딱 빠져버렸다.

전에는 세상에 큐브 종류가 그렇게 많은 줄 미처 몰랐다. 내가 알고 있는 건 정사각형 모양의 3×3 크기의 큐브가 전부였는데, 큐브 사랑에 빠진 아이는 정사각형뿐만 아니라 삼각형, 육각형 등 다양한 큐브를 수집하기 시작했고 아무리 복잡해 보이는 큐브도 단 몇 초안에 맞춰버리는 기이함을 보여줬다. 나는 이때 우리 아이가 큐브 신동인 줄 알았다. 아이는 국내에서 구할 수 있는 큐브란 큐브는 다 맞춰 나갔다.

　　그러던 어느 날 아이가 진지한 표정으로 내게 물었다.
　　"엄마, 캐나다에서 물건을 사 오려면 어떻게 해야 해요?"
　　"왜?"
　　"유튜브에서 내가 갖고 싶은 큐브를 검색해 봤는데 캐나다에서 올라온 영상에 있어요. 그 큐브 구입하고 싶은데 어떻게 해야 해요?"
　　"어떤 큐브인데? 어떻게 찾았는지 엄마랑 함께 볼까?"

　　그때 아이가 초등학교 3~4학년 정도 되었던 것 같다.
　　아이가 검색한 내용을 보니 캐나다 유튜버가 올린 큐브 동영상이었다.

　　"우리 ○○이 대단하다. 어떻게 이런 걸 찾아볼 생각을 했어?"
　　"우리나라에서 나오는 큐브는 거의 다 맞춰 봐서 새로운 큐브를 찾아보려고 유튜브를 검색해 봤는데 다른 나라에는 색다른 큐브가 정말 많더라고요."
　　색다른 큐브를 찾았다는 흥분에 아이는 엄청 신이 났다. 그리고 유튜브로 더 많은 큐브 정보를 찾아냈고 그렇게 큐브를 정복해 나갔다.
　　'아, 맞아! 내가 원하는 '영어로부터 자유로운 아이'란 이런 거였어!'

'영어라는 언어를 활용해 자신이 좋아하고 알고 싶은 정보를 유튜브라는 정보의 바다에서 마음껏 찾아낼 수 있는 것', 그것이 내가 아이들과 함께 영어를 시작한 이유였다.

작은아이는 틀에 박힌 교육방식을 싫어한다. 자기가 꽂힌 게 있으면 그걸 끝까지 파는 스타일이다. 이런 아이에게 영어는 엄청난 도구가 되어 줄 수 있을 것이다. 영어를 두려워하지 않고 영어로 맘껏 소통할 수 있을 것이다.

내가 아이들과 영어를 한다고 하면 학원에 보내지 않고 '영어 홈스쿨링'을 한다고 오해하시는 사람들이 있다. 내가 원하는 영어 교육은 영어 홈스쿨링이 아닌 영어라는 언어로 세상과 자유롭게 소통하는 아이로 키우는 것이다.

특히 외우는 걸 끔찍이 싫어하는 작은아이 같은 스타일은 학원에서 단어 외우기, 문법 문제 풀기로 영어를 접했다면 이미 영어를 포기했을지도 모르겠다. 다행히 작은아이는 영어를 공부 과목이라고 생각하지 않는다. 만약 영어를 공부 과목으로 배웠다면 작은아이는 유튜브에서 좋아하는 큐브를 찾아내는 그 시간에 무엇을 하고 있었을까?

내가 생각하는 영어는 자기 생각을 표현하고 남들과 소통하는 도구이다. 아이가 원하고 알고 싶을 것을 부모가 모두 찾아 줄 수는 없다. 부모가 할 수 있는 것은 아이가 원하는 것을 찾을 수 있는 도구를 주는 것이다. 아이가 지적 호기심을 채우고 자신이 원하는 정보를 세상으로부터 찾을 수 있는 도구가 있다는 것은, 아이에게 한계를 뛰어넘을 가능성을 열어 주는 것이다.

우리 아이들에게는 영어 실력이 안 돼서 하고 싶은 일을 할 수 없거나, 다른 데 활용할 시간을 영어 단어 외우는데 쏟아붓게 하고 싶지 않았다. 우리 아이들이 살아가게 될 세상에서 영어라는 마법의 열쇠는, 부모가 줄 수 있는 그 어떤 유산보다도 큰 자산이 되어 준다.

엄마표 영어 원칙

❶ Only English?

　어렸을 때의 경험과 기억은 평생을 좌우할 만큼 일생에 큰 영향을 끼친다. 특히 유아기의 경험과 기억은 더욱더 그러하다. 영어가 모국어가 아닌 우리나라에서 영어에 능숙하지 못한 부모가 이중 언어로 아이를 키우는 것은 쉬운 일이 아니다. 영어는 가르치고 싶은데 입에서 나오는 영어는 마음만큼 자연스럽지 못하다. 그러다 보니 영어 단어를 한국말에 섞어서 사용하는 경우가 종종 있다. 어쩌다 한 번쯤은 상관없겠지만 영어를 가르치겠다는 욕심에 계속해서 두 언어를 혼용해 사용하는 것은 아이들에게 좋지 못한 영향을 미칠 수 있다.

　모국어의 기반이 완전히 형성되지 않은 유아기의 아이들에게 이중 언어를 가르칠 때는 세심한 부모의 배려가 필요하다. 특히 한국어 문장에 영어 단어를 섞어서 사용하는 것은 아이의 언어 정체성에 문제가 생길 수도 있다. 아이가 이중 언어 습득으로 인한 혼란을 겪지 않도록 배려하는 것 또한 영어 습득 못지 않게 중요하며 어린 나이에 영어 습득이 학원표가 아닌 부모의 배려와 함께해야 하는 이유이다.

나의 경우 대학 졸업 후 직장에 입사하고 아이와 영어를 시작하기 전까지 영어를 거의 사용한 적이 없었다. 영어로 대화를 해 볼 기회도 거의 없었고 뛰어난 영어 실력을 갖춘 것도 아니었다. 그러니 아이와 영어를 시작했다고 해서 100% 영어로 대화를 할 수는 없었다. 하지만 아이와 영어로 대화를 시도하면서 처음부터 내가 지켜나간 원칙이 있었다. 절대 한글 문장에 영어 단어를 섞어서 사용하지 않는 것이었다. 예를 들어 "*apple* 먹을래?", "엄마는 너를 *like* 해." 이런 식의 문장은 사용하지 않으려고 노력했다.

　대신 아이와 영어로 대화하기 위해 영어 공부를 다시 시작했고 조금씩 영어 대화를 늘려나갔다. 처음에는 영어로 말할 수 있는 문장들이 얼마 되지 않았다. 하지만 시간이 지나면서 아이와 대화할 수 있는 문장들이 쌓였고 무엇보다 훌륭한 문장의 영어동화가 아이와 나의 든든한 영어 선생님이 되어주었다.

　그리고 가능하면 아이 아빠는 한국말로 나는 영어로 대화함으로써 아이의 이중 언어 사용에 따른 혼란을 최소화하려고 했다. 동화책을 읽어줄 때도 한국어 동화책은 한국어로 읽어주고, 영어 동화책은 영어로 읽어주었다. 책을 읽어주는 중간중간에도 가능하면 두 가지 언어를 섞어서 사용하지 않으려고 했다.

　물론 내 영어도 완벽하지 않아서 모든 순간 영어로 의사소통할 수는 없었다. 영어 문장으로 표현하지 못하는 상황이 많았고 그럴 때는 차라리 한국어 문장으로 표현해 주었다. 이런 최소한의 원칙을 정하고 지키려는 노력만으로도 아이들은 이중 언어로 힘들어하지 않았다.

'*Only English*'는 생활 속에서 아이와 100% 영어로 대화한다는 의미가 아니다. 이중 언어 사용으로 인한 아이의 혼란을 방지하기 위해 영어와 한글을 무작위로 혼합하여 사용하지 않는 것을 말한다. 이것이 나만의 영어 교육 원칙 중 하나이다.

영어는 듣기가 가득 차서 넘쳐야 말이 터진다. 말이 터지면 읽고 싶어 하고, 듣고
읽은 게 쌓여서 하고 싶은 이야기가 많아지면 자연스럽게 쓰기를 하고 싶어 한다.
학원 선생님이 시키는 영어 쓰기가 아닌 자기 생각이 넘쳐서 쓰기를 하게 되는 것
이다. 스스로 쓰고 싶어서 쓴 글의 가치를 알 것이다. 아이가 스스로 쓰고 싶어질
때까지 손잡고 같이 걸어가 주는 것, 그것이 내가 바라는 영어교육이다.

※ 어려서 많은 영어 소리를 듣고 동화를 읽은 아이들은 문자를 조금씩 알게 되면서 쓰기를 즐겼다. 특별히 쓸거리가 없어도 눈에 보이는 아무 종이에나 글을 쓰며 놀았는데, 사진 자료는 아이가 유치원 때 스케치북에 영어로 간단한 글(문장)을 쓰고 그림을 그리며 썼던 그림일기이다. 삐뚤삐뚤한 글씨로 쓴 자신만의 문장과 그림은 지금 봐도 소중한 추억이다.

2장

어느 날 아이가 영어로 말을 걸어왔다

뭐야, 이렇게 시작했다고?

아이가 초등학교에 입학 후 어느 날 친구 엄마가 생일 파티에 아이와 나를 초대했다. 친구의 생일 선물을 챙겨 방문하니, 다른 엄마들도 몇 분 와있었다.

"어머, ㅇㅇ 엄마가 누군가 궁금했어요."
"ㅇㅇ가 영어를 하도 잘한다고 해서 엄마는 어떤 분인지 궁금하더라고요."
"그런데 ㅇㅇ는 어디 영어 학원 다니나요?"
"아이가 엄청 머리가 좋은가 봐요?"

우리 아이들이 어떻게 영어를 습득했는지 모르는 분들은 우리 아이들이 외국에서 태어났거나, 유명 영어 학원에 다니거나, 머리가 엄청 좋다고 생각하는 경우가 많았다. 대부분 엄마랑 영어를 했다고 하면 '엄마가 영어를 잘하니까 가능했던 거지'라고 생각하는 사람들이 많다. 심지어 친한 친구들까지도 "네가 영어를 잘하니까 가능한 거지, 우리는 영어 실력이 안 돼서 못해….'라며 시도조차 하지 않았다.

하지만 과연 내가 영어를 잘해서 아이와 함께하는 영어가 가능했을까?

나는 영어를 잘해서 아이와 영어를 시작한 것이 아니었다. 우리 아이들의 언어 발달이 또래 아이들에 비해 뛰어난 것도 아니었다. 엄마표 영어 시작은 아주 단순하고 평범했다.

큰아이의 돌 무렵, 영어를 시작하려고 마음은 먹었는데 뭘 어떻게 시작해야 할지 막막했다. 그러던 차에 남편 회사에서 아이의 교구 구입비를 지원한다기에 밑져봤자 본전이다 싶어 '영어○○'라는 교구를 구매하게 되었다. 교구의 구성은 아주 간단했다.

간단한 단어와 문장들이 보드북, 스티커, 테이프로 구성되어 있었고 기기로 보드북을 터치하면 그림에 맞춰 단어나 문장을 읽어주는 방식이었다. 우리 가족 세트, 욕실 세트, 거실 세트, 동물원 세트 등이 있었는데, 예를 들어 동물원 세트의 경우 'monkey', 'lion', 'giraffe' 등의 단어 스티커를 냉장고나 유리창에 붙이며 놀고 보드북을 터치해서 'Let's go to the zoo'와 같은 간단한 문장을 영어 소리로 듣는 게 전부였다.

'뭐야? 이렇게 시작했다고?' 하며 실망할 수도 있을 것이다. 그런데 뜻밖에도 아이의 반응이 폭발적이었다. 보드북을 터치할 때마다 나는 영어 소리를 신기해했고 단어 스티커를 붙이는 것도 매우 흥미로워했다. 그리고 세트마다 딸린 오디오 테이프를 차에 탈 때마다 틀어주었는데 카시트에 앉아 그 소리가 나면 발을 구르며 좋아했다.

하지만 영어 교구 세트 효과는 오래가지 않았다. 영어 교구 세트에서 다루는 영어 단어나 문장은 매우 제한적이고 계속 그것만 반복해서 듣다 보니 아이의 흥미가 떨어져, 나중에는 교구를 줘도 별로 관심을 보이지 않게 되었다. 아마 비싼 영어 교구 세트를 사서 아이와 활용해 본 엄마들은 공감할 것이다.

'어떻게 하면 아이에게 지속해서 영어의 관심을 가지게 할 수 있을까?'
'일단 아이가 영어 소리에 관심을 보이긴 한 것 같으니 이걸 지속해서 유지할 방법이 뭐 없을까?'

생각해보니 아이가 교구에 관심을 보인 건 재미난 소리와 큰 그림이었던 것 같았다. 그래서 다양한 그림과 소리로 영어를 접할 수 있는 게 무엇이 있을까 찾아보기 시작했다. 또한, 영어교육 관련 서적들을 찾아 읽기 시작했다.

특히 유아의 발달과정과 언어 습득에 포인트를 두고 책을 찾아보다가 영어 동화에 대해 관심을 가지게 되었다. 영어동화만큼 그림이 크고 아이들이 좋아할 만한 교구가 없을 것 같았다. 찾아보니 영어동화는 성우가 읽어주는 오디오 테이프도 같이 구할 수 있었다. 이보다 더 좋은 교재가 또 있을까 싶었는데 '어떤 책을 사야지?', '어떻게 읽어 줘야 하지?' 영어동화로 시작하자고 생각했지만, 갑자기 막막해졌다.

당시는 영어동화 활용 안내 책자도 많지 않고 인터넷을 뒤져봐도 어떻게 읽어줘야 할지 도무지 감이 오질 않았다. 지금 같으면 일단 영어동화를 사고 읽는 것부터 시작할 텐데, 내게도 처음 시작하는 영어동화는 두렵기만 했다. 아마 지금 영어동화로 아이와 영어를 시작하려는 엄마들의 마음이 그때의 나와 비슷할 것이다.

시작해야지 하는 마음만 먹고 그렇게 정보 탐색을 하며 시간을 보내던 어느 날, 신문에 인근 평생교육원 교육과정 홍보지가 같이 배달되었다. 그중에는 내 시선을 끄는 과정이 있었다. '유아영어독서지도사!' '어, 이게 뭐지?' 교과과정 설명을 읽어보니 영어동화를 활용한 스토리텔링 영어 교수법(지도자) 과정이라고 되어있었다.

'그래 한번 해보자!'

순간 이거다 싶은 생각이 들었다.

그렇게 등록을 하고 떨리는 마음으로 첫 수업을 받으러 갔다. '유아영어독서지도사'는 영어동화에 대해 이론과 실습을 함께 학습하는 과정으로 실제 교육 현장에서 아이들을 가르치는 선생님들을 위한 수업 과정이었다. 나는 영어를 가르치는 선생님도 아니었고 수업 현장에서 아이들을 가르칠 생각도 없었다. 그저 영어동화를 어떻게 우리 아이들과 재미있게 활용할 수 있을지 그 생각 하나만 가지고 첫 수업에 갔다.

수업을 맡은 교수는 영어동화가 한국어로 번역되는 과정에서 원작 동화 특유의 느낌을 제대로 표현하지 못하고 단순히 한국말 그림책이 되어 버린 책들이 많아 안타깝다고 했다. 그리고 본인의 아이들에게는 원작 그대로의 영어동화를 읽어 주고 싶다고 했다.

'아, 영어동화 특유의 느낌을 한국어로 그대로 번역하기 쉽지 않겠구나! 영어 원작 그대로 읽게 되면 영어 단어뿐만 아니라 스토리가 주는 느낌도 그대로 흡수할 수 있겠구나!'

첫 수업에서 영어동화를 영어 어휘 습득의 수단으로만 생각했던 내 생각이 무지했음을 깨닫게 되었다. 그리고 그날 결심했다.

'열심히 배워서 우리 아이들도 영어 원작 동화는 영어로만 읽게 하리라!'

수업을 받으러 온 수강생들 모두 현직 영어 교사들이었는데, 아이들과 영어 동화를 읽기 위해 수강 신청을 했다는 나를 보며 놀라워했고, 그런 내 노력에 모두 적극적으로 도움을 주었다. 그렇게 시작한 영어동화 파고들기는 아무 경험 없던 내가 포기하지 않고 아이들과 영어를 해나갈 힘이 되어 주었다.

영어동화가 좋을 거라는 막연한 생각뿐 구체적인 활용법을 알지 못했다면 우왕좌왕하다 영어동화 읽기도 아이와 함께하는 영어도 포기해버렸을지 모르겠다. 하지만 영어동화를 꾸준히 공부하다 보니 영어동화 읽기뿐만 아니라 한글책 읽기의 중요성도 깨닫게 되었고, 영어동화 이후의 영어책 읽기까지 이끌어 줄 수 있는 기반이 되었다.

처음 아이와 영어를 결심했을 때 난 평범한 엄마였다. 학창 시절 영어를 좋아했지만 노력한 만큼 잘하지 못해 항상 영어에 대해 아쉬움을 가지고 있었다.

처음에는 아이들과 영어 대화도 할 수 없었고 영어동화도 전혀 모르는 '무'의 상태에서 시작했다. 하지만 아이와 영어를 함께하기 위해 하나씩 차근차근 배워나갔고 매일 꾸준히 아이들과 함께 활용하며 완성 시켜 나갔다.

영어뿐만 아니라 유아의 성장 과정에 대해서도 꾸준히 공부해 나갔다. 아는 만큼 아이들과 활용할 것들이 늘어났다. 유아기 아이들의 두뇌는 스펀지와 같다. 뭐든 주는 만큼 흡수해냈다. 하지만 흡수만큼 뱉어내는 것도 빨랐다. 일이 있어 며칠이라도 영어 진행이 빠지면 아이들은 언제 그랬냐는 듯 전에 함께 했던 내용을 까맣게 잊어버렸다. 중요한 것은 유아기 아이들에게 원어민의 영어교육보다 더 중요한 것은 매일 아이와 함께할 수 있는 꾸준함이었다.

존 클럼볼츠는 그의 책《천 개의 성공을 만든 작은 행동의 힘》에서 "성공이란 잘 짜인 계획이 아니라 연관 없어 보이는 작은 행동들로부터 시작된다."고 하였다. 세심하게 잘 짜인 계획보다는 작더라도 당장 실천 가능한 일을 찾아서 해나가다 보면 그것이 결국 성공으로 이어지게 된다는 것이다.

첫 시작이 어렵게 느껴지겠지만 단순하게 시작하면 된다. 나의 시작은 아주 단순하고 평범했지만, 매일 꾸준함으로 함께한 시간은 영어로부터 자유로운 아이들로 성장 시켜주었다. 다시 한번 말하지만, 중요한 건 시작할 때 엄마의 영어 실력이 아니라 포기하지 않고 끝까지 아이와 함께 가는 것이다.

싹을 틔우는 씨앗의 기적처럼 내 아이의 입에서 영어가 술술 터져 나오는 기적은 그저 학원에 보내는 기다림만으로 이루어지지 않는다. 혼자였다면 포기할 수도 있었겠지만 매일 꾸준히 아이와 함께 한 시간의 힘은 아이와 나 모두를 성장시켜주었다.

"If you can dream it, you can do it"
(우리가 꿈을 좇을 수 있는 용기가 있다면, 우리의 모든 꿈은 이루어질 수 있다.)
- Walt Desney -

부모가 영어를 못하는데 어떻게 해요?

아이가 초등학교 1학년 때였다. 직장 생활이 바쁜 난 아이 학교에 자주 방문하는 편이 못 되었다.

"선생님, 찾아뵙고 인사드려야 하는데 유선상으로 인사드려 죄송해요."

"아니에요, 어머님. 저도 직장 생활해 봐서 잘 알아요. 굳이 안 오셔도 되니까 필요할 때 언제든 편하게 전화 주세요."

"참, 어머님, 아이가 영어를 참 잘하던데요, 물어보니까 엄마한테 배웠다고 하더라고요."

"아, 예."

"아이가 읽고 있는 영어책을 보고 신기해서 물어봤더니 그러더군요. 저도 아이 키운 엄마라 어떻게 가르치셨는지 궁금하더라고요. 그리고 어머님, 저희 반 예능 발표회 때 아이에게 간단하게 영어 말하기를 해보라고 하려는데 괜찮으시죠? 다른 친구들에게 영어에 대한 동기부여도 되고 좋을 거 같아서요."

저녁에 아이와 선생님의 제안에 관해 이야기해 보았다. 아이는 영어책을 좋아하는 자신을 칭찬해 주는 선생님의 관심이 좋았는지 신이 나서 해보겠다고 했다. 그 후에도 아이는 그런 선생님의 관심을 좋아했고 학교 가는 걸 무척 즐거워했다. 학교 가는 걸 좋아하니 학교생활이 즐겁고 공부하는 게 즐거워졌다고 했다.

교육이 시작되는 초등학교 저학년 때 학교에 대한 기억은 참 중요하다. 그리고 그 기억의 상당 부분은 선생님과의 관계에서 형성된다. 하지만 학교에서 선생님을 통한 교육이 시작되기 전 더 중요한 교육은 유아기에 가정에서 먼저 시작된다. 우리 아이가 선생님의 영향으로 학교생활이 즐거워질 수 있었던 건 유아기에 가정에서 습득한 영어의 영향이 컸다.

대부분의 부모가 아이와 함께하는 영어의 조건으로 부모의 영어 실력을 먼저 생각한다. 지인들에게 아이와 함께해보라고 추천하면 "내가 영어 울렁증이 있는데 어떻게 해요?", "엄마가 영어를 잘하니까 가능한 거죠."라며 아이와 함께하기를 두려워한다. 하지만 내 주변에 아이와 함께하는 영어를 성공한 부모들은 영어를 잘하는 부모가 아니라 아이와 함께 시작하고 꾸준히 끝까지 함께한 부모들이다.

엄마가 영어를 못해 시작하기 두렵다면 아이와 함께 공부해 가면 된다. 엄마의 영어 실력이 나쁘다고 아이의 영어 실력도 나빠질 거라고 걱정하지 않아도 된다. 엄마의 꾸준함은 아이에게 영어와 더불어 꾸준함이라는 '습관'도 선물해 줄 수 있다.

나 역시 처음부터 아이와 영어로 대화할 정도의 영어 실력을 갖추지 못했었다. 교육을 시작해야겠다고 결심한 후 영어회화 책을 사서 공부했고 영어학원에 등록해 말하는 연습을 했다. 교재 선택도 처음부터 완벽하지는 못했다. 일반 영어회화 책부터 시작하여, 도움이 되는 책을 찾고 또 찾아 조금씩 보충해 갔다.

아이들은 영어만을 습득하는 것이 아니다. 아이를 위해 노력하는 엄마의 모습 또한 아이들에게 좋은 본보기가 되며, 처음에는 아이와 1분도 대화하기 힘들지만, 영어책을 보며 공부하고 영어동화를 반복해서 읽다 보면 조금씩 아이와 대화할 수 있는 시간이 늘어난다. 엄마의 영어 실력을 걱정하지 말고 지금 시작하고 아이와 함께해 보자.

엄마표 영어는 홈스쿨링이 아니다

"적지적수(適地適樹), 알맞은 땅에 알맞은 나무를 심는다는 뜻이다. (중략) 나는 그런 나무들을 볼 때마다 타고난 품성이나 재능과 상관없이 천편일률적으로 자라고 있는 아이들이 생각난다. 나무처럼 아이들도 저마다 타고난 기질이 있다. 그런데 아이 대부분이 무엇을 갖고 태어났는지 모른 채 국화빵 찍어 내듯 같은 교육을 받고 같은 방식으로 자란다."

—우종영, 《나는 나무에서 인생을 배웠다》 중에서

큰아이가 초등학교 6학년 때 수학 학습지를 그만하고 싶다고 했다. 이유를 물어보니 문제를 풀다가 왜 그런지 선생님께 물어보면 '왜'라고 묻지 말고, 공식대로 풀라고 했다며, 왜 그런지 모르고 기계처럼 문제만 푸는 학습지는 하고 싶지 않다고 했다.

부모가 관심을 가지지 않는 아이들의 영어교육이 이런 모습이 아닐까? 왜 배워야 하는지 모르는 파닉스를 몇 년씩 배우고 시험 보고 잊어버리는 단어를 수십 개씩 외우고, 일주일에 한 번 오는 학습지 선생님만 믿고 아이의 영어를 방치하고 있으니 말이다.

아이들이 타고난 성향과 언어 습득 능력은 무시한 채 국화빵 찍어내듯 같은 학원 시스템으로 돌리는 영어교육이 아니라, 내가 제일 잘 알고 있는 우리아이에게 부모가 손잡고 같이 해주는 영어교육이 필요하지 않을까. 알맞은 땅에 알맞은 나무를 심듯, 우리 아이의 기질에 맞는 영어교육은 부모가 가장 좋은 선생님이 될 수 있다.

아이들이 어렸을 때 함께 영어를 한다고 하면 어려서부터 아이를 공부시키는 억척 엄마로 바라보는 시선이 많았다. 어린아이들에게 영어 공부 시키는 홈스쿨링이라는 오해를 받기도 했다. 엄마표 영어는 공부 잘하는 아이로 키우기위한 억척 엄마의 홈스쿨링이 아니다. 영어를 습득할 수 있는 최적의 시기에 아이들이 스트레스받지 않고 무의식적으로 영어를 습득하며 엄마와 아이가 유대 관계를 돈독히 하는 과정이다.

나는 매일 운동을 한다. 직장 동호회에서 시작한 운동이었는데 업무 부서를 옮기고 더는 운동을 할 수 없어 한동안 유튜브 영상을 보고 소위 '홈트레이닝'을 했다. 매일 따라 하는 유튜브 영상 속 강사는 운동이 끝날 때 항상 "여러분의 모티베이터 ㅇㅇㅇ이었습니다."라고 외친다. 모티베이터를 찾아보니 '자극을 주는 사람', '동기를 부여하는 사람'이라고 정의되어 있다.

이제까지 나는 인생에서 모티베이터를 참 많이 만났던 것 같다. 고등학교 때 영어가 재미있다고 생각하게 해준 학원 선생님, 닮고 싶은 직장 선배, 내가 대금 소리를 못 낼 때도 괜찮다고 이야기해 주신 대금 선생님, 엄마가 최고라고 말해 주는 우리 딸, 나도 책 쓰기를 할 수 있겠다는 울림을 주신 작가님 등…

그들은 내게 자극과 동기를 부여해 주었고, 힘들고 흔들릴 때마다 중심을 잃지 않고 잘 걸어갈 수 있도록 힘이 되어 주었다. 긴 인생을 살아가야 하는 우리 아이들에게도 인생의 중요한 시기마다 모티베이터가 필요할 것이다. 그리고 그 시작에 있는 지금 엄마가 아이들의 소중한 모티베이터가 되어주어야 하지 않을까?

아이가 영어를 학습이 아닌 습득할 수 있도록 환경을 만들어 주어야 한다. 엄마가 상호 작용함으로써 아이에게 영어의 재미를 알게 하고 영어를 생활 속으로 가져오는 역할을 해주는 것이다. 생활 속에서 영어로 대화하고 매일 저녁 아이와 영어동화를 읽고 영어동요를 부르며 임계치에 이를 때까지 영어 인풋을 퍼부어 주는 것이다.

따라서 엄마가 만족할 만한 결과를 얻기 위해, 1~2년 안에 끝내야 하는 숙제라는 생각을 버리고 여유를 가지고 꾸준히 지속해야 한다. 목표 달성을 위해 '아웃풋'이라는 결과를 바라보기보다 목표를 향해 가는 과정을 즐기다 보면 어느 날 아이가 내게 영어로 말을 걸어오는 날이 있을 것이다.

엄마표 영어는 집에서 가르치는 영어 공부나 엄마 독박 영어교육 프로그램이 아니며, 공부를 잘하는 아이로 키우는 홈스쿨링이 아니다. 기질에 맞게 자리만 잘 잡아주면 큰 보살핌 없이도 잘 자라는 나무처럼, 우리 아이들도 적절한 시기에 적절한 터 잡기만 잘해준다면 아이 스스로 자신의 인생을 알아서 잘 펼쳐 나갈 것이다. 아이의 기질에 맞는 터 잡기를 도와주고 함께해주는 것, 그것이 아이와 함께하는 영어 진행에서 부모가 해야 할 역할이다.

엄마표 영어 19년, 엄마의 스펙이 되었다

나는 중학교에 입학하며 처음 영어를 배웠고 우리말과 다른 영어를 정말 잘하고 싶어 학창 시절 열정적으로 영어를 공부했었다. 고등학교 때는 맨투맨 기본영어를 달달 외웠고, 당시 유행하던 아침 영어방송을 녹음해 가며 들었으며, 대학에 입학해서는 친구들과 영자신문 스터디를 하기도 했다. 남들에 비해 영어를 가슴 떨리도록 좋아했고, 잠을 잘 때도 영어로 꿈을 꿔보는 게 소원인 적도 있었다.

그런데 영어를 그렇게 좋아했고 열심히 했는데도 내 영어는 항상 그 자리였다. 아이들과 엄마표 영어를 시작하기 전에는 그 이유를 전혀 알지 못했다. 아니, 알고 싶은 생각도 없었던 것 같다. 그러던 내가 큰아이를 낳고 아이와 영어를 함께 해야겠다고 결심하면서 그 이유가 궁금해졌다.

'왜 나에게 영어는 항상 짝사랑이었을까? 내 아이도 나처럼 열심히 한 영어 공부가 짝사랑이 되면 안 될 텐데!'

곰곰이 생각해보니 학창 시절 나의 영어 공부는 단어 스펠링을 외우고, 영어 문장을 분석하고, 문장에서 틀린 문법을 찾아내는 게 전부였다. 그렇다! 난 영어를 거의 들어본 적도 말해본 적도 없었다. 라디오 방송의 팝송조차 가사를 눈으로 보며 따라 했을 뿐 소리만 듣고 따라 하진 못했었다. 말하기도 마찬가지였다. 대학에 입학해 영어 말하기를 하고 싶어 등록했던 영어회화 학원에서 중학교 수준의 인사말을 해본 게 거의 전부였다. 영어는 의사소통하는 언어인데 나는 '영어 공부'만 했던 것이다. 그러니 오랫동안 영어를 공부했음에도 남들과 의사소통을 할 수 없었다. 그래서 결심했다.

'우리 아이들에게는 공부가 아닌 남들과 소통하는 언어로써 영어를 습득할 수 있도록 해주자!'

그렇게 나의 엄마표 영어는 시작되었고, 나에게 영어는 이제 짝사랑이 아니었다.

아이들과 영어로 대화하기 위해 영어 회화책을 사서 공부하며 영어회화 학원에 등록해 말하기를 연습했다. 영어동화를 읽어 주고 싶었지만 어떤 영어동화를 어떻게 읽어 줘야 할지 막막해 유아영어독서지도사 과정에 등록하고 공부하며 자격증을 취득했다. 그렇게 배운 영어동화를 아이들과 읽으며 나만의 방법으로 응용 시켜 나가다 보니 '나만의 영어동화 활용 노하우'가 생겼다.

만약 아이들과 함께하는 영어가 없었다면 나는 아주 평범한 직장인이었을 것이다. 하지만 아이들과 영어로 대화하고 영어동화를 읽기 위해 영어 공부를 하다 보니 '영어를 잘한다'는 소문이 나기 시작했고 인정도 받게 되었다. 또한 아이들의 영어 아웃풋이 터지기 시작하면서부터 학부모와 선생님들 사이에서도 엄마표 영어를 실천한 사실이 알려졌다. 그 뒤로 영어교육에 대한 많은 문의가 들어오기 시작했고, 영어 교육 방법을 전파하며 우리 아이들 외에 다른 아이들도 성공적인 영어 습득을 할 수 있도록 도와주기도 했다.

영어동화를 배우기 위해 등록한 유아영어독서지도사 과정은 영어뿐만 아니라 다양한 인맥을 쌓고 경험을 할 수 있는 기회가 되어주었다. 앞서 말했듯 유아영어독서지도사 과정은 수강생 대부분이 영어 교사들이었다. 그중에는 나보다 먼저 엄마표 영어를 실천하고 있던 사람도 있었는데, 적극 지지해 주며 아이들과 어떻게 영어를 진행해왔는지 본인의 노하우를 공유해 주기도 했다. 그 외에도 영어동화 구입처나 다양한 활용 방법을 알 수 있었고, 아이들에게 영어동화를 가르쳤을 때 좋았던 점과 주의해야 할 사항도 들을 수 있었다.

덕분에 영어동화를 배우러 갔을 뿐인데 감사하게도 값진 인맥이 생겼고, 아이들과 영어를 진행하는데 다양한 정보와 조언을 얻을 수 있었다. 열정을 가지고 아이들과 즐겼기에 이 모든 것이 끌어 당겨지지 않았을까?

또한, 아이들과 함께 영어를 하다 보니 영어가 재미있고 더 알고 싶어졌다. 그래서 영문과에 편입하여 본격적인 영어 공부를 하게 되었다. 이 시기는 마침 큰아이가 영미 소설에 관심을 가지기 시작할 때였다. 매일 도서관에서 공부하는 나를 따라다녔던 아이와 당시 도서관에 있던 많은 영어 소설을 함께 읽으며 또 다른 추억도 쌓을 수 있었다.

이 경험은 아이들에게 시험공부 하러 가는 지겨운 도서관이 아니라 책 읽으러 가는 도서관의 즐거움을 알게 했고, 나는 영어동화를 통해 알게 된 영어를 더 전문적으로 공부할 수 있었던 일거양득의 시간이었다.

물론 직장에 다니며 육아와 집안일까지 하다 보니 시험 기간에는 너무 힘들어 포기하고 싶은 생각도 들었다. 하지만 내가 포기하지 않고 끝까지 다니며 졸업할 수 있었던 건 아이들 덕분이었다. 아이들에게 중간에 포기하는 엄마의 모습을 보여줄 수는 없기 때문이다. 그렇게 꾸준히 진행해 온 19년의 세월은 아이들의 영어 실력뿐만 아니라 나의 실력도 함께 올려 주었다.

아이들에게 영어라는 유산을 물려주고 싶어 시작한 엄마표 영어는 부족한 영어 실력으로 시작했지만, 영어로 대화하고 영어동화를 읽기 위해 배우고 공부하다 보니 영어는 내가 아이들에게 사랑을 표현하는 방법이 되었고, 항상 노력하는 엄마의 모습을 보여 줄 수 있었다. 또한, 아이들의 영어 실력뿐만 아니라 나에게도 커다란 '스펙'이 되어주었다.

아이들과 엄마표 영어를 하면서도
난 항상 즐거웠다

아이들과 영어를 함께한 지, 2년쯤 되어가던 어느 휴일 아침이었다. 여느 때처럼 늦은 아침을 먹고 집 청소를 하고 있었는데 거실에 있는 나를 아이가 불렀다.

"*Mommy ~*"

무슨 일인가 싶어 아이 방 쪽으로 갔다.

"*Should I put it away?*"

'내가 잘못 들은 거 아니지?' 순간 내 귀를 의심했다.

"*Pardon me?*"

"*I'd like to help you*"

'드디어 말문이 터졌구나!'

나 혼자만의 원맨쇼가 끝나는 순간이었다. 그동안 읽은 영어동화로 간단한 생활 속 단어는 알고 있었지만, 그때까지 영어로 문장을 말한 적은 없었다. 엄마가 청소하는 걸 돕고 싶어 내게 영어로 말을 건 아이의 첫 문장에 왈칵 눈물이 날 것 같았다.

　엄마표 영어를 하겠다고 마음먹은 후 수십 권의 책을 외우고 집안 곳곳에 커닝 페이퍼를 붙여가며 아이에게 영어로 말을 걸었다. 퇴근 후엔 아이가 영어책을 가져오면 저녁밥도 걸러 가며 영어동화를 읽었다. 이웃들이 이상하게 쳐다봐도 창피함을 무릅쓰고 엘리베이터에서도 영어로 말을 했었다. 아이를 믿고 기다리면 반드시 '아웃풋'(결과)이 나올 거라는 나의 믿음은 틀리지 않았다. 아이가 내게 처음 영어로 말을 걸던 순간은 지금도 내 인생에서 가장 가슴 떨리는 순간이다.

　아이들과 함께하며 영어를 가르쳐야겠다는 생각만 있었다면 절대 끝까지 완주하지 못했을 것이다. 엄마표 영어는 아이들과 함께하는 행복한 추억 쌓기 과정이었고 그 결과 중 하나가 영어 실력이었다.

　아이가 초등학교 때였다. 퇴근 후 집에 와 저녁을 먹는데 아이의 표정이 우울해 보였다.
　"○○아, 오늘 기분이 안 좋아 보이네. 학교에서 무슨 일 있었어?"
　아니라고 말하는 아이 얼굴이 아무래도 무슨 일이 있는 것 같아 저녁 식사 후 아이 방으로 갔다. 아이 손을 꼭 잡아주며 낮에 무슨 일이 있었는지 다시 이야기를 시도해 보았다.
　갑자기 아이가 눈물을 뚝뚝 흘리며 울기 시작했다.

"○○아, 괜찮아. 오늘 무슨 일이 있었는지 엄마한테 이야기해 봐."

"○○아, 왜 그래? 무슨 일인데?"

"엄마, 저 죽는 게 무서워요!"

무슨 일이 있었기에 아이가 이렇게 심각하게 죽음을 생각했을까 싶어 가슴이 철렁 내려앉았다. 아이를 꼭 안아주며 달래주고는 다시 무슨 일인지 물어보았다.

"괜찮아… 무슨 일인데? 엄마한테 이야기해 봐."

"엄마, 낮에 친구 학원에 같이 갔었거든요. 친구들이 모두 학원에 다니는데, 한 친구가 자기 학원에 같이 가보자고 해서요. 그런데 아이들이 영어학원에서 단어랑 문장을 외우고 시험을 보더라고요."

"응, 그랬어? 그런데 그게 왜?"

"나도 죽어서 다른 엄마 딸로 태어나면 친구들처럼 영어학원 가서 시험 봐야 하잖아요. 나 죽기 싫어요. 죽으면 엄마 딸로 못 태어날 수도 있잖아요! 흑흑…"

아이는 얼마나 무서웠는지 얼마 동안을 서럽게 울어댔다.

그때 아이가 초등학교 2~3학년쯤 되었던 것 같은데, 학원식 영어 공부에 놀라서 펑펑 울어대는 아이 모습이 귀엽기도 하고 여러 가지 생각이 들었다. 외우는 영어 공부에 익숙했던 나도 단어 외우고 문장 분석하는 학원 영어가 싫긴 했지만, 학원 영어를 처음 접한 아이의 반응은 내게도 신선한 충격이었다.

우리 아이들은 초등학교에 입학하면서 영어 학원을 거의 다니지 않았다. 그러다 보니 학원에서 영어를 배운다는 게 어떤 것인지를 알지 못했고, 다른 아이들도 모두 자기들처럼 영어를 한다고 생각했던 것 같다. 그래서 아이에게 물어봤다.

"○○아, 넌 어떻게 영어를 배운 것 같아?"
"모르겠어요. 전 영어를 배운 기억이 전혀 없는데 그냥 영어를 하고 있던데요."

유아기부터 영어를 습득한 우리 아이들에게 영어는 배운 적이 없는 그냥 '언어'였던 것이다. 어려서부터 엄마랑 대화하고 재미있는 영어책과 영화를 보고 외국인들이랑 놀러 다니면서 사용했던 언어가 영어였다. 그런데 다른 친구들에게 영어는 학원에서 단어를 외우고 시험 보는 대상이라는 게 이상하고, 그 차이가 엄마표 영어 때문이라는 걸 알게 되면서 다른 엄마의 딸로 태어나는 게 무섭다고 했다.

작은아이도 마찬가지였다. 영어를 배운 기억이 전혀 없다고 했다. 그냥 영어로 말하고 듣는 게 어렵지 않고 우리말과 같다고 했다.
얼마 전 아이가 자기도 나중에 아이들과 함께하는 영어를 꼭 할 거라고 했다.
그러면서 엄마가 우리 엄마라서 너무 행복하고 고맙다고 말했다.
엄마와 함께 영어를 습득하고 그 사실이 고맙다고 말하는 아이들을 보며, 나 또한 두 아이가 나의 아이들로 태어나줘서 정말 고맙고 행복했다.

낮 동안 직장에서 힘들고 지쳐 집에 왔을 때 아이들과 신나게 노래 부르고 감동 가득한 영어동화를 읽고 나면 내가 더 힐링이 되는 경우가 많았다. 내가 읽어주는 영어동화를 반짝거리는 맑은 눈으로 쳐다보며 집중하는 아이들은 하루의 피곤을 없애주는 비타민과 같았다.

영어로 함께한 19년은 아이들뿐만 아니라 내게도 소중한 추억과 선물 같은 시간이었다. 게다가 '엄마가 우리 엄마라서 행복하고 고맙다'라는 아이의 한마디는 세상 그 무엇과도 바꿀 수 없는 커다란 기쁨이었고 힘이 되어 주었다.

엄마표 영어 원칙 ❷ 뻔뻔해지기

"옛날 맹자의 어머니가 묘지 근처로 이사를 하였는데 맹자가 어려 보고 듣는 것이 상여와 곡성이라 늘 그 흉내만 내므로 맹자의 어머니는 이곳이 자식 기를 곳이 못 된다고 하여 곧 시장 근처로 집을 옮겼다고 한다. 하지만 맹자는 역시 장사의 흉내를 냈다. 맹자의 어머니는 이곳도 자식 기를 곳이 아니라 하고 다시 서당 근처로 이사를 하니 맹자가 늘 글 읽는 흉내를 냈다고 한다."

—유향의 《열녀전》 중에서

우리가 익히 알고 있는 '맹모삼천지교(孟母三遷之敎)'라는 고사성어에 관련된 이야기이다. 교육에는 주위 환경이 중요하다는 것을 의미하는데, 나 역시 아이들이 어렸을 때 영어를 시작하고 영어로 대화를 하며 비슷한 어려움을 겪었었다. 아이와 영어로 대화하기를 시도하다 보니 대화의 장소가 집안에만 한정되는 게 아니었다. 아이와 마트도 가고, 놀이터, 공원도 가야 하는데 처음에는 남들 보는 앞에서 아이와 영어로 대화하기가 영 쑥스러웠다.

그래서 밖에 나가면 사람들 없을 때는 조용히 영어로 말하다가 사람들이 보이면 한국말로 말하기도 했는데, 이러다 보니 밖으로 나가면 영어로 대화하는 횟수가 많지 않았다. 하지만 이러면 안 될 것 같았다. 자칫 반쪽짜리 영어가 될 것 같았고 아이에게 잘못된 습관을 만들어 줄 수도 있을 것 같았다. 또한 워킹맘인 나로서는 아이와 함께할 수 있는 시간이 많지 않았기에 집 밖에서의 시간도 소중했다.

'그래, 이왕 시작한 거 뻔뻔해져 보자!'

그때부터 창피함을 무릅쓰고 어딜 가든 뻔뻔하게 영어로 대화하기 시작했다. 마트에서도, 공원에서, 심지어 음식점에 가서도 아이와는 영어로만 대화하려고 노력했다. 아이들의 영어 발음에 비해 나의 발음은 그다지 좋지 않았지만, 아이들을 위해서라면 못 할 게 뭐 있으랴! 처음 한 번은 힘들었지만 한 번 두 번 사람들의 시선을 의식하지 않게 되자 밖에서 대화하는 데 사람들을 신경 쓰지 않게 되었다.

아이들이 초등학교 입학 전 동물원에 갔을 때다. 동물원은 다양한 동물과 식물들 그리고 사람들까지 아이들과 영어로 대화하며 어휘를 익힐 수 있는 좋은 장소였다. 남편이 잠시 화장실에 간 사이 아이들과 나는 영어로 신나게 이야기하고 있었다. 오늘 본 동물 중에 뭐가 마음에 들었고, 다음에는 뭘 보러 갈 건지 등등…

아이들과 신나게 영어로 이야기하고 있는데 등 뒤에서 다른 사람들의 대화 소리가 들렸다.

"외모는 한국 사람이랑 똑같이 생겼네! 설마 우리말은 못 알아듣겠지?"

시종일관 영어로 대화하는 우리를 외국인 가족으로 착각한 것이었다. 아이가 조용히 귓속말로 속삭였다.

"엄마, 우리 보고 외국인 같데요"

나의 뻔뻔해지기 원칙으로 우리는 그날 또 하나의 추억을 만들었다.

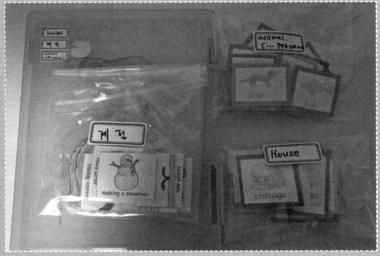

아이들과 영어로 대화하기 위해 영어 회화책을 사서 공부하며 영어회화 학원에 등록해 말하기를 연습했다. 영어동화를 읽어 주고 싶었지만 어떤 영어동화를 어떻게 읽어 줘야 할지 막막해 유아영어독서지도사 과정에 등록하고 공부하며 자격증을 취득했다. 그렇게 배운 영어동화를 아이들과 읽으며 나만의 방법으로 응용 시켜 나가다 보니 '나만의 영어동화 활용 노하우'가 생겼다.

※ 아이들이 처음 영어를 습득할 때 필요한 기본적인 어휘 습득을 위해 주제별로 자료를 만들어 활용하였다. 이렇게 만든 자료는 각각 지퍼백에 넣어 주제별로 보관하였고 영어 동화를 읽고 관련 연계 활동을 할 때 언제든 사용할 수 있도록 준비했었다. 동화만 읽고 끝나기보다 이렇게 다양한 자료를 활용하면 아이들이 영어를 공부로 받아들이지 않고 재미와 흥미를 느껴 스스로 즐길 수 있다.

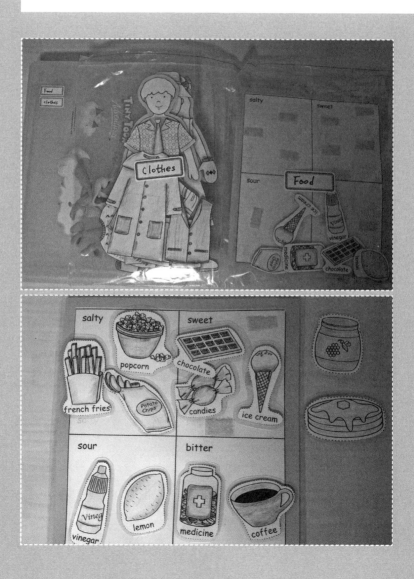

3장.

엄마표 영어 워밍업

동요 & 챈트 활용하기

영어와 한국어를 습득하는데 알아야 할 두 언어의 차이 중 하나는 영어는 '강세 박자 언어(*stress-timed language*)'인 데 반해 한국어는 '음절 박자 언어(*syllable-timed language*)'라는 점이다. 그리고 유아기에 영어를 습득하는 아이들에게 '강세 박자 언어'로서의 영어 음감을 익힐 수 있는 가장 좋은 방법이 영어동요와 챈트를 활용하는 것이다.

학창 시절부터 영어를 배웠고 좋아했지만, 항상 영어를 짝사랑만 해온 내 영어의 문제점은 강세 박자 언어인 영어와 음절 박자 언어인 한국어의 차이를 제대로 알지 못한 것에서 온 것이었다.

영어는 강세에 따라 박자가 맞추어지고 의미 전달을 위해 중요한 단어만 강하게 발음하며 나머지는 약하게 발음한다. 반면 우리말은 모든 음절을 똑같은 길이와 강도로 발음하며 의미를 전달하기 위해 모든 글자를 정확히 발음한다.

따라서 같은 의미의 문장이라도 영어는 우리말 문장과 말하는 속도가 다르고 문장의 강약과 리듬이 아주 중요한 언어이다.

두 언어의 차이를 잘 몰랐던 나는 영어를 말하고 들을 때 모든 단어를 또박또박 말하고 들으며 의미 파악을 하려다 보니 어느새 문장은 다음으로 넘어가 버리고 말았다. 이는 나뿐만 아니라 우리나라 대부분의 성인이 마찬가지라고 생각된다. 왜냐면 우리는 그동안 강세 박자 언어인 영어의 음감을 배우고 익힐 기회가 거의 없었기 때문이다.

따라서 유아기에 영어를 습득하는 아이들에게는 강세 박자 언어로서의 영어 음감을 습득할 수 있도록 들려주는 것이 우선이다. 그렇다고 영어의 음감을 습득하기 위해서 무작정 많은 소리를 들려줄 수는 없다. 물론 엄청난 '듣기의 양'이 필요하지만, 시도 때도 없이 무작정 틀어주는 오디오 소리는 아이들에게도 소음과 다름없다. 소리를 들려주되 유의미한 소리가 될 수 있도록 듣기를 이끌어야 한다.

영어동요와 챈트만큼 아이들에게 거부감 없이 다가갈 수 있고 영어의 살아있는 리듬과 운율을 자연스럽게 익힐 수 있는 영어 교재도 없을 것이다.

이 시기의 아이들에게 들려줄 수 있는 소리는 '영어동요와 챈트를 활용한 듣기', 'DVD 등 영상매체와 오디오를 활용한 듣기', '엄마의 목소리로 영어동화 읽어주기', '아이와 영어로 대화하기', '아이와 영어로 놀이하며 들려주기' 등이 있다. 모국어 습득과 비슷하지만, 부모가 영어를 사용하는 원어민이 아니므로 영어 오디오, *DVD* 같은 영상매체, 영어동화 등 다양한 교재를 최대한 활용하여야 하며, 가능하다면 부모가 영어 공부를 통해 아이와 직접 영어 대화를 시도해 보는 것이 좋다.

유아기에 아이들은 대부분 노래를 좋아하기에 영어동요는 이 시기 아이들에게 최고의 영어교재가 될 수 있다. 간혹 한국말이 빠른 아이 중에 "한국 노래 들려줘."라며 영어동요를 거부하는 아이들이 있는데, 이런 경우는 한국 동요를 들려주는 중간에 영어동요를 슬쩍 섞어 들려주며 영어동요 듣기의 횟수를 점차 늘려가는 것이 좋다. 또한 엄마가 영어 자장가를 불러주거나, 먼저 흥얼 흥얼 영어동요를 부르며 익숙하게 해주면 아이도 금세 엄마를 따라 하게 된다. 영어동요와 함께 아이들을 즐거운 영어 세상으로 이끌어 줄 수 있는 강력한 무기가 챈트이다.

하지만 처음 영어를 시작할 때 나에게 '챈트'는 참 생소한 단어였다. 챈트란 무엇이고 영어에서는 왜 챈트가 중요할까?

동요는 우리가 알고 있는 '노래'이고, 챈트의 사전적 의미는 원래 '구호'라는 뜻으로 어떤 구절을 반복적으로 외치는 것을 말한다. 노래가 멜로디, 화음, 리듬 이 세 가지로 구성되어 있다면 챈트는 이 중 리듬의 요소만을 갖춘 것으로 말하기와 노래의 중간단계라고 볼 수 있다.

챈트는 경쾌하고 반복적인 리듬을 갖추고 있어 같은 문장도 챈트로 읽게 되면 영어의 리듬, 강세, 패턴을 자연스럽게 익힐 수 있다. 또한 챈트는 동일한 형식의 반복적 리듬 속에서 단어나 문장이 바뀌므로 의미를 쉽게 파악할 수 있고 반의어나 유사어를 익히는 데도 효과적이다. 집중력이 약한 어린아이의 영어 습득에도 반복적 리듬의 챈트는 효율적이며, 문답식으로 이루어진 챈트는 대화체의 문장을 습득하는 데도 도움이 된다.

실제로 나는 또래 아이들의 영어모임에서 '챈트'를 유용하게 활용하였다. 영어모임을 할 때 4~5세 아이들을 집중 시켜 영어로 스토리텔링을 하는 것은 쉬운 일이 아니었다. 하지만 모임을 시작하며 엄마와 아이들이 함께 챈트를 부르며 율동을 하면 아이들의 집중력을 끌어모으기에 최고였다.

"ABC, one two three
I like English, you and me ~~
ABC, one two three
I like English, you and me ~~ hooray ~~!! "

이 챈트는 제목과 출처는 정확히 기억나지 않지만, 영어모임을 할 때 아이들과 아주 유용하게 활용했던 것이다. 엄마들의 과장된 몸동작과 함께 챈트를 불러주면 아이들의 반응은 아주 폭발적이었다. 또 아이들과 병원에서 진료를 기다릴 때도 간단한 챈트를 부르며 놀다 보면 기다림의 시간도 금세 가버리곤 했다.

유아기에 영어를 습득하는 아이들에게는 강세 박자 언어로서의 영어 음감을 습득할 수 있도록 들려주는 것이 중요하다. 이런 영어의 음감을 재미있고 흥미롭게 습득할 수 있는 가장 좋은 방법이 챈트와 동요를 활용하는 것이다.

영어동화 활용하기

　친한 후배가 영어동화를 사고 싶다고 해서 같이 서점에 간 적이 있었다. 도착한 곳은 내가 영어책 서점이 아닌 한글책 서점이었다. 그리고 그곳에서 판매하는 영어책은 'ㅇㅇ영어', 'ㅇㅇ English'와 같은 '전집' 부류의 책들로 영어 단어나 패턴을 익히기 위한 책들이 주를 이루고 있었다. 나는 후배에게 영어 원서로 된 동화책도 함께 구입하는 게 어떻겠냐고 권했다. 후배는 그러고 싶지만, 단권의 영어 원서 동화는 종류가 너무 많고 다양해서 어떤 책을 골라야 할지 모르겠다며 한 번만 구입하면 되는 전집이 편하다고 했다.

　"어떤 영어동화를 선택해야 하나요?"
　"영어동화는 어떻게 읽어줘야 하나요?"

　엄마표 영어를 알리기 시작하며 영어동화를 활용하고 싶은 엄마들에게 가장 많이 듣는 질문이다. 아이와 함께 영어를 하고 싶다는 지인들에게 영어동화를 활용해 보라고 추천하면 처음에 내가 그랬던 것처럼 다들 쉽게 받아들이지 못한다.

나 역시 처음 아이와 영어를 시작했을 때 영어동화에 대한 막막함과 활용에 대한 부담감이 있었다. 하지만 아는 만큼 보인다고 하였다. 먼저 영어동화에 대해 알고 시작한다면 그만큼 활용도를 높일 수 있다.

영어동화, 왜 읽어줘야 할까?
: 영어동화는 아이들에게 최적의 영어 교재이다.

1. 유의미한 듣기를 할 수 있다

영어동화는 대부분 그림과 글로 이루어져 있으며, 특히 그림은 아이들이 동화책의 내용을 이해하고 즐길 수 있는 중요한 부분이다.

우리 아이들은 '*apple*'이라는 문자를 '사과'라고 해석해 본 적이 없다고 했다. 그냥 사과라는 형체를 보면 우리말을 할 때는 '사과', 영어로 말할 때는 '*apple*'이라는 단어가 떠올랐다고 한다. 이는 아이들이 '사과' 또는 '*apple*'을 인식할 때 문자의 형태가 아니라 그림의 형체와 이미지(개념)로 받아들인다는 의미이다. 따라서 아이들이 영어동화를 읽을 때 그림을 보며 엄마의 목소리를 듣게 되면, 그림의 형체와 이미지(개념) 그리고 영어 소리를 동시에 받아들여 유의미한 영어 듣기를 할 수 있게 된다.

이처럼 영어동화는 유아기의 영어 습득에서 소리가 스쳐 지나가는 소음이 되지 않고 의미 있는 '듣기'가 될 수 있도록 활용하기에 좋은 교재이며, 읽어줄 때는 단어를 일일이 설명해 주기보다 아이 스스로 그림을 보며 즐길 수 있도록 이끌어 주는 것이 좋다. 아이들은 엄마가 읽어 주는 영어 소리를 들으며 그림을 보다 보면 특별히 한국말로 해석해 주지 않아도 단어와 문장의 내용을 유추하고 대강의 의미를 이해할 수 있기 때문이다.

2. 생생한 구어체 표현으로 '영어 감'을 높일 수 시킬 수 있다

눈앞의 외국인이 "*How are you?*"라고 묻는다면 우리는 어떤 대답을 할까? 아마 상당수의 성인이 "*I'm fine, thank you, and you?*"라는 대답을 생각할 것이다. 실제 현지인들의 대화 속에는 다양한 답이 있겠지만, 우리는 교과서에서 배운 "*I'm fine, thank you, and you?*"라는 대답 외에 다른 다양한 대답을 접할 기회가 거의 없었다. 하지만 어려서부터 다양한 영어동화를 접한 아이들이라면 상황이 다를 것이다.

영어동화는 영어 학습 교재가 아닌 아이들의 생활을 소재로 아이들의 말로 표현한 작품이기에 동화 속에서 생생한 영어 표현을 접할 수 있다. 그리고 그런 표현을 반복해 읽다 보면 자신도 모르게 동화 속 표현을 줄줄 외워서 말하게 되는 신기한 경험을 하게 된다. 이처럼 동화 속에서 습득한 생생한 영어 표현은 아이들의 '영어 감'을 키워줄 수 있다.

예를 들어 《*The little red hen*》이라는 영어동화를 읽다 보면 '난 싫어'라는 표현을 '*I don't like it*'이 아닌 '*Not I*'라고 표현하고 있으며 또 다른 동화책에서는 '*Not me*'이라고 표현하기도 한다. 이런 표현은 영어 교과서에서는 볼 수 없는 구어체적 표현이다. 그림을 보며 엄마의 목소리로 들은 이런 표현들은 아이들의 영어 감을 높여 줄 뿐 아니라 영어 말하기를 이끌어 주는데도 효과가 있다.

📝 생생한 구어체 표현의 영어책 《The little red hen》 보러 가기
같은 듯 다른 책 읽기 : 《Who will help?》 vs 《The little red hen》

3. 영어동화를 통해 나와 다른 세상을 경험할 수 있다

영어동화는 영어 학습 교재가 아니라 영어권 아이들을 대상으로 작가가 상상력을 발휘하여 쓴 문학 작품이다. 따라서 책을 읽다 보면 우리와 다른 세계의 문화, 자연환경, 사회 풍습 등을 배우고 간접 경험할 수 있다. 예를 들어 우리나라 자연 과학책에서는 거의 볼 수 없는 'rain forest'(열대 다우림)는 영어동화를 읽다 보면 자주 등장하는 단어이며, 우리나라 동화책에서는 많이 볼 수 없는 'Tooth fairy'(이빨 요정), 'Jack-o'-lantern'(호박등)과 같은 단어도 자주 등장하는 소재들이다.

 📝 tooth fairy 책(글) 보러 가기
런투리드 《Where's your tooth?》 : Tooth fairy(이빨 요정)와 Tooth(이빨) 이야기

4. 재미없는 문법이 아닌 운율과 노래로 문장 패턴을 익힐 수 있다

유명한 리더스북 《런투리드》(Lerarn To Read) 시리즈 중에 《Seed song》이란 책의 내용을 보면 'Seeds are planted deep, deep, deep'이라는 문장이 나온다. 이 문장은 우리가 중학교 때 배웠던 복수 주어와 복수 동사의 수 일치 그리고 수동태의 문장 패턴으로 구성되어 있다. 하지만 아이들은 수 일치나 수동태라는 문법 공부 없이 《Seed song》 노래를 따라 부르고 책을 보며 문장을 읽어가다 보면 문장 자체를 그대로 흡수하고 외워 버리게 된다.

이런 문장들이 쌓이고 쌓이면 나중에 문법 공부를 할 때 수의 일치라든가 수동태 같은 복잡한 문법 구문을 공부하거나 외우지 않고도, '아, 이게 수동태였어?'라고 웃으며 넘어갈 수 있게 된다.

영어동화 어떻게 선택해야 할까?

1. 쉽고 재미있게 읽을 책, 아이가 좋아할 만한 책을 고른다

엄마표 영어는 쉽고 간단해야 한다고 생각했다. 그래서 영어동화를 고를 때도 쉽고 재미있는 책 위주로 고르되, 반드시 아이의 성향을 고려했다. 또한 영어동화는 아이가 혼자 읽는 리더스북이나 챕터북이 아니라 엄마가 읽어 주는 책이다. 따라서 엄마가 읽어주기에 쉽고 재미있는 책 중에 아이가 좋아하는 캐릭터나 내용을 고르는 게 좋다.

그래서 순수 창작 동화만을 고집하지 않고 쉽고 재미있게 읽어 줄 수 있는 《*Read It Yourself*》 시리즈, 《런투리드》(*Lerarn To Read*) 시리즈, 《*Time for kids*》 시리즈, 《*Science story book*》 같은 '리더스북'과 아이가 좋아하는 '명작동화' 시리즈를 '순수 동화'와 함께 읽어주었다. 이 책들의 특징은 그림이 크고 내용이 재미있으며, 길지 않은 문장 패턴의 반복으로 아이들과 즐겁게 읽을 수 있는 책들이었다.

📝 Read It Yourself 시리즈 책(글) 보러 가기
《Little Red Riding Hood》(빨간 망토): 쉬운 영어 원서 Read it yourself 2단계

2. 그림이 구체적이고 소재가 친숙한 책을 고른다

아이들이 보는 영어 동화책은 아무리 그림이 예쁘고 색채가 화려해도 그림으로 내용을 유추하거나 이해할 수 없다면 효과적일 수 없다. 따라서 아이들과 처음 시작하는 그림책은 단순하고 그림만으로도 내용을 알 수 있는 책을 선택하는 것이 좋다.

예를 들어 에릭 칼의 《*Brown bear, brown bear, What do you see?*》 같은 작품은 겉표지의 커다란 갈색곰 한 마리만 봐도 책의 내용을 대충 유추할 수 있다. '에릭 칼'의 작품이 영어동화를 처음 시작하는 엄마들에게 인기 있는 이유 중 하나가 그림만으로 내용을 쉽게 이해할 수 있기 때문이다.

또한, 그림책의 소재는 아이들과 친숙한 것을 고르는 게 좋다. 동물을 좋아하는 아이라면 위에서 소개한 에릭 칼의 《*Brown bear, brown bear, What do you see?*》, 《*From Head to toe*》처럼 동물이 등장하는 작품을 고르는 것이 좋다. 음식을 좋아하는 아이라면 역시 에릭 칼의 《*Today is Monday*》, 《*The very hungry caterpillar*》 같은 작품을 골라 아이와 함께 읽어 보는 것도 좋을 것이다.

 📝 영어동화 Today is Monday 책(글) 보러 가기
《Today is Monday》: 동물, 요일, 음식을 소재로 한 '에릭칼'의 영어동화

3. 라임(*rhyme*)을 활용한 리듬감 있는 책을 골라본다

영어는 우리말과 다른 강세 박자 언어이기에 리듬감이 중요한 언어이다. 영어를 습득할 때 사물의 인지나 문장의 패턴 못지않게 중요한 것이 영어의 리듬

감을 익히는 것이다. 따라서 영어의 리듬감을 익힐 수 있는 책을 선택하는 것도 좋은 영어동화 활용법이다. 함께 읽다 보면 아이뿐만 아니라 책을 읽어 주는 엄마도 흥이 나서 재미있게 읽게 된다. 라임(rhyme, 둘 이상의 낱말에서 유사한 소리가 반복되는 것)을 활용한 영어동화는 반복되는 문장 속에서 대상만 바뀌는 경우가 대부분으로 《There was an old lady who swallowed a fly》, 《Jamberry》같은 동화를 읽으며 라임을 통한 리듬감을 익혀보자.

4. 출판사 추천 동화나 전집보다는 아이의 성향에 맞는 동화를 한 권씩 구입해 본다

아이와 영어를 하고 싶다는 후배에게 영어동화를 활용해 보라며 몇 권의 동화를 추천해 준 적이 있다. 그런데 얼마 후 물어보니 영어동화 전집을 들여놓았다고 했다. 영어동화의 종류가 너무 많아 어떤 것을 선택해야 할지 몰라 결국 사이트에서 추천하는 전집을 구입했다고 했다.

이렇게 전집을 구입한 경우 아이가 모든 책을 즐겨 읽으면 다행이다. 하지만 대부분은 그 반대인 경우가 많다. 아이마다 성향이 천차만별이기 때문이다. 따라서 한 권씩 구입하며 아이의 성향을 파악해 나가는 것이 좋다. 아이의 나이에 따라 보드북과 페이퍼백 선택도 신중히 고민해봐야 할 것이다. 덜컥 전집부터 들여놓기보다 직접 영어 서점을 방문해 영어책을 눈에 익히며 한 권씩 구입해서 활용해 보도록 하자.

영어동화는 어떻게 읽어 줘야 할까?

1. 사전 읽기 (*Before reading*)

사전 읽기(*Before reading*)는 영어동화의 본문을 읽어주기에 앞서 아이와 사전 대화를 하며 책에 대한 호기심을 가지게 하는 단계이다. 예를 들어 루스 크라우스라는 작가의 《*The Carrot Seed*》라는 동화책을 읽는다고 하면 책을 읽기 전 책 표지를 보며 아이와 대화를 나누는 것부터 시작하는 것이다.

"와, 여기 ○○이처럼 귀여운 꼬마가 있네, 뭘 하는 걸까?", "땅을 바라보는 것 같은데?", "(씨앗을 손가락으로 가리키며) 이 조그만 점은 무엇일까?"

이렇게 아이와 대화를 하다 보면 자연스럽게 표지 속 꼬마가 당근을 심고 있다는 이야기를 도출할 수 있을 것이다. 당근을 심어서 어떤 일이 벌어질지 아이의 상상력을 자극해 본문 읽기에 관한 관심을 끌어낼 수 있다. 물론 엄마가 영어가 된다면 영어로 대화를 이끌면 더 좋다. 하지만 영어로 대화하기가 힘들다면 한글로 대화하는 것도 괜찮다.

사전 읽기는 아이에게 책에 대한 호기심을 가지게 하여 재미있는 책 읽기를 하려는 과정일 뿐 영어 습득을 더 잘하려는 과정이 아님을 기억해야 한다. 아이들은 이런 과정을 통해 재미있게 읽은 책은 여러 번 반복해서 읽고 싶어 한다. 그리고 그런 과정이 쌓이면 영어는 자연스럽게 습득될 것이다. 따라서 책 한 권에서 영어를 습득한다는 생각보다 아이와 최대한 재미있는 책 읽기를 하도록 노력하는 것이 중요하다.

2. 본문 읽기 (*While reading*)

본문 읽기(*While reading*)는 본격적으로 책의 본문 내용을 아이와 함께 읽는 단계이다. 본문의 내용을 읽어 줄 때는 반드시 엄마가 먼저 책의 내용을 읽어보고 아이에게 읽어 주기를 해야 한다. 엄마가 준비되지 않아 두루뭉술하게 읽은 영어 문장은 아이들이 금방 알아채고 그대로 따라 하기도 하고 엄마가 내용을 잘 모르면 아이의 질문에 짜증을 내 거나 금방 책을 덮어 버릴 수 있기 때문이다.

본문 읽어주기는 그냥 내용만 읽어줘도 좋겠지만 아이들의 창의력을 키워 주고 싶다면 적극적으로 질문을 하며 읽어 주는 것이 좋다. 하지만 본문 읽어 주기를 할 때 영어 단어 가르치기 식의 책 읽기는 바람직하지 않다. "당근을 영어로 뭐라고 했지?", "*everyday*는 '매일'이라는 뜻이야." 이런 식으로 책 읽기를 이끌게 되면 영어동화 읽기가 아닌 영어 공부라는 것을 아이는 금세 눈치채게 된다. 그리고 영어책 읽기의 흥미를 잃어버리게 된다.

영어 단어를 확인하는 대신 아이의 창의력을 키울 수 있는 질문들을 하는 것이 좋다. "아이가 당근 씨앗을 심었는데, 그다음은 어떤 일이 벌어질까?", "꼬마의 엄마는 왜 당근 새싹이 안 나올 거로 생각할까?", "어떻게 하면 당근 씨앗이 싹을 틔울 수 있을까?"와 같이 'yes/no' 위주의 질문보다 'why' 위주의 질문을 해주는 것이 좋다. 이런 대화를 하며 동화책을 넘기다 보면 아이는 영어 동화책에 흠뻑 빠지게 될 것이다.

그런데 책 읽기를 하다 보면 아이들은 엄마가 바라는 영어보다 '당근 심기'에 더 관심을 둘 수도 있다. 영어동화 읽기는 책 읽기가 영어 습득보다 우선 되어야 한다. 따라서 아이가 '당근심기'에 더 관심을 가지게 되었다면 '우리 아이는 왜 영어에 관심이 없을까'라고 걱정하기보다 '아이가 책 읽기에 관심을 가졌다'라는 사실을 기뻐하면 된다. 이렇게 재미있는 책 읽기가 쌓이다 보면 그 매개체인 영어를 자연스럽게 흡수하고 있을 테니 말이다.

3. 사후 활동 (*After reading*)

책을 다 읽었다면 이제 사후활동(*After reading*)을 하며 읽은 책을 자신의 것으로 만드는 활동을 해 보자. 우리말 책과 달리 영어 동화책은 책 읽기만으로 책에 대한 이해가 충분하지 못할 수 있다. 따라서 연계 활동 과정을 통해 이해력을 높이고 말하기와 어휘력을 늘리는 활동으로 연장하여 활용할 수 있다.

사후 활동을 할 때는 먼저 책에 대해 주제를 정해본다. 예를 들어《*Brown bear, brown bear, what do you see?*》라는 동화책을 읽었다면 주제는 '색깔'이나 '동물'이 될 수 있을 것이다. 색깔을 주제로 정했다면 아이와 스케치북을 준비해 등장하는 동물들을 함께 그리며 동화책의 내용을 확장하고 정리해 볼 수 있다.

이 동화 같은 경우 아이와 함께 자신만의 '작은 책'을 만들어 봐도 좋다. *brown bear, red bird, purple cat, yellow duck, blue horse, green frog, black sheep*을 아이와 함께 그려 보고 아이만의 '*Brown bear, brown bear, what do* *you see?*'라는 영어책을 함께 만들어 본다. 아이는 자기만의 책을 펼쳐 중얼중얼 동물과 이야기도 하고 혼자 영어책 읽기를 할 수도 있다.

물론 여기서 읽는다는 의미는 글자를 읽는다는 의미가 아니라 영어 문장을 외워서 말한다는 의미이다. 문자를 배우기 전 아이들은 자신이 좋아하고 재미있게 들은 문장은 곧잘 외워서 말한다. 따라서 이런 사후 활동은 아이들이 문장을 자기 것으로 만드는데 더욱 효과적일 수 있다.

이런 사후 활동은 다양한 활동으로 연계해 볼 수 있다. 그림 그리기, 만들기, 노래 만들어 부르기, 카드를 이용한 게임 등 상황에 맞춰 아이와 다양한 방법으로 진행할 수 있다. 하지만 모든 영어동화를 읽을 때마다 이와 같은 연계 활동을 하며 읽기는 힘들다. 모든 책을 연계 활동으로 이끌 수는 없지만, 최소한 책을 읽은 다음 그냥 덮지 말고 아이와 책의 내용에 관해 이야기하거나 다른 비슷한 주제의 책과 연계하여 읽기를 하는 것이 좋다.

《*Brown bear, brown bear, what do you see?*》를 읽었다면 같은 작가의 작품인 《*Polar bear, Polar bear, what do you hear?*》, 《*From head to toe*》를 같이 읽어 주면서 '동물'이라는 주제 읽기로 활용할 수도 있다. 이때 같은 주제의 '리더스북'도 함께 활용할 수 있다. 하지만 한 가지 주제를 정해 영어책을 읽어 준다고 해도 아이들이 금세 같은 주제를 인식하고 동물 이름을 줄줄 이야기할 거라는 기대는 하지 않아야 한다.

수많은 동화책 읽기가 쌓이고 쌓여야 아이 입에서 한 마디의 아웃풋이 나올 수 있다. 성급한 기대와 조급함을 내려놓고 아이와 재미있는 동화를 즐긴다는 생각으로 매일 꾸준히 영어동화를 읽어보자. 영어동화 읽어 주기는 서서히 아이들에게 스며들어 갈 것이다.

하지만 한창 호기심이 많은 유아기의 아이들과 연계 활동을 하다 보면 의도하지 않은 활동으로 이어지는 경우가 종종 있다. 특히 아이들이 영어동화보다 연계 활동에 더 관심을 가질 때가 있다. 하지만 연계 활동이 다른 방향으로 흘러버렸다고 속상해하거나 고민할 필요는 없다. 아이와 함께 영어책을 읽고 연계 활동을 했다는 사실에 의미를 두면 된다. 아이는 엄마와 함께 만든 '작은 책'을 볼 때마다 엄마와 즐거웠던 기억이 함께할 것이고 영어는 '덤'으로 따라올 것이기 때문이다.

내가 아이들과 함께한 영어의 중심은 책이었고 그 시작은 아이들과 읽은 영어동화였다. 영어동화 읽기는 단순한 영어 습득 수단이 아니라, 아이들이 책을 통해 세상을 알아가고 간접체험 할 수 있는 통로이며, 그 매개체로 사용된 언어가 영어일 뿐이다. 아이들은 엄마와 영어 동화책을 읽을 때 그것을 공부라고 생각하지 않는다. 그저 재미있는 그림과 스토리에 푹 빠져 집중할 뿐이다.

 ① '영어동화 읽어주기' 책(글) 보러 가기
영어동화는 어떻게 읽어 줘야 할까?

 ② 에릭칼(Eric Carle) 영어동화책 《Polar Bear, Polar Bear, What Do You Hear?》 보러 가기 : Polar Bear, Polar Bear, What Do You Hear?

루스 크라우스라는 작가의 《The Carrot Seed》라는 동화책을 읽는다고 하면 책을 읽기 전 책 표지를 보며 아이와 대화를 나누는 것부터 시작하는 것이다. 당근을 심어서 어떤 일이 벌어질지 아이의 상상력을 자극해 본문 읽기에 관한 관심을 끌어낼 수 있다. 물론 엄마가 영어가 된다면 영어로 대화를 이끌면 더 좋다. 하지만 영어로 대화하기가 힘들다면 한글로 대화하는 것도 괜찮다.

※ 루스 크라우스라는 작가의 《The Carrot Seed》라는 동화책을 읽을 때 활용했던 자료들이다. 동화 속 주인공인 엄마 아빠 그리고 주인공 꼬마와 당근 형태를 자료를 출력하고 코팅한 후 뒷면에 찍찍이를 붙여 보드에 붙여가며 스토리텔링을 하였고, '당근 심기'라는 주제의 관련 활동으로 '호박(pumpkin) 심고 기르기 과정을 알아볼 수 있는 관련 자료를 만들어 활용하였다.

※《Brown bear, brown bear, What do you see?》는 친숙한 동물들을 소재로 단순한 문장의 반복과 쉬운 그림으로 처음 영어동화를 시작하는 엄마들이 활용하기 좋은 작품이다. 나는《Brown bear, brown bear, What do you see?》라는 영어동화를 아이들과 활용하기 위해 동화에 나오는 동물을 스캔 출력하고 코팅한 후 뒷면에 찍찍이를 붙여 각각의 동물 모형을 만들었다. 이렇게 만든 동물 모형을 부직포를 입힌 보드에 붙여 가며 아이들 눈높이에 맞춰 스토리텔링을 해주었다. 영어동화에 익숙해진 후에는 아이들이 보드에 동물 모형을 붙이며 내게 스토리텔링을 해주기도 하였다.

에릭 칼의《Brown bear, brown bear, What do you see?》같은 작품은 겉표지의 커다란 갈색곰 한 마리만 봐도 책의 내용을 대충 유추할 수 있다. '에릭 칼'의 작품이 영어동화를 처음 시작하는 엄마들에게 인기 있는 이유 중 하나가 그림만으로 내용을 쉽게 이해할 수 있기 때문이다.

영상매체 활용법

조기 영어교육을 시작하면서 가장 걱정되고 두려웠던 건 어쩔 수 없이 활용해야 하는 *DVD* 등 영상매체의 중독이었다. 간혹 영어 습득이라는 명목하에 몇 시간씩 아이를 영어 영상물에 노출하는 경우를 볼 수 있는데, 맹목적인 영어 영상물 시청은 과연 영어 습득에 효과가 있는 것일까?

DVD 등 영상매체는 소리를 들으며 화면을 보고 자연스럽게 내용을 유추할 수 있다. 또한, 대부분의 영상매체는 스토리를 가지고 있어 아이들이 즐겁게 시청하며 유의미한 듣기 교재로 활용하기에 좋다. 하지만 아이가 의미를 전혀 파악할 수 없는 주제의 작품이나 알아들을 수 있는 속도를 벗어난 빠른 소리의 영상매체는 그저 '화려한 화면'에 지나지 않기 때문에 이런 영상물의 맹목적인 노출은 영어 습득에 효과적일 수 없다. 따라서 장시간의 영상매체 시청보다 중요한 것은 올바른 *DVD* 시청을 위한 부모의 관심과 배려가 될 것이다.

많은 부모가 *DVD* 등 영상매체를 자주 보여줬지만 큰 효과를 보지 못했다고 말하는 경우가 종종 있다. 왜 그런 것일까? *DVD* 등 영상매체 시청은 한 방향의 의사소통이다. 따라서 아이들이 영어 소리에 익숙해져 혼자서 볼 수 있게 되려면 부모의 관심과 지도가 함께 해야 한다. 영상물 중독으로부터 아이를 보호하고 영어 영상물 시청의 효과를 극대화하려면 어떻게 해야 할까?

영어 영상물을 시청, 꼭 원칙을 정해 주세요!

아이들과 영상매체를 시청할 때 다음과 같은 몇 가지 원칙을 정해 놓고 반드시 지키려 했다. 이것은 무분별한 영상물 시청으로부터 아이들을 보호하기 위한 부모로서의 노력이었고, 영어 습득보다 소중한 아이들의 건강한 성장을 위한 영어 교육의 원칙이기도 했다.

첫째, DVD 등 영상매체의 시청은 하루에 정해진 시간만 하기로 했다. 아이들은 화려한 영상 화면을 보게 되면 소리보다 화면에 집중하게 되고, 부모의 적절한 간섭이 없으면 게임에 빠지듯 영상 매체에 빠져들게 된다. 그래서 하루 영상물 노출 시간은 최대 2시간을 넘지 않도록 했고 1회 시청 시간은 30분을 넘기지 않으려고 노력했다.

둘째, DVD 등 영상매체를 시청할 때 아이 혼자 보게 하지 않고 대부분 옆에 있어 주었다. 일방적 의사소통 매체인 DVD 등 영상물을 어린 나이 특히 유아기의 아이들이 혼자 본다는 것은 너무 위험한 일이었다. 그래서 난 아이들이 DVD를 볼 때면 하던 일을 잠시 멈추고 아이 곁에서 함께 영상물을 시청했다. 간혹 영어 영상물 시청 시간을 엄마의 휴식이나 가사일 시간으로 활용하는 경우를 볼 수 있다. 아이가 영어에 익숙하거나 짧은 몇 분은 괜찮겠지만 습관적으로 아이 혼자 영상물을 보게 하는 건 영어 습득의 '득'보다 '독'이 될 수도 있다.

셋째, 영어 동화책을 읽어 줄 때와 마찬가지로 영어 영상물은 내가 먼저 내용을 파악한 후 아이들에게 보여주려고 노력했다. 시중에 판매되는 대부분의 영어 *DVD*는 한글과 영어 대본을 같이 제공하고 있다. 시간적 여유가 있다면 부모가 먼저 대본을 읽어보거나 *DVD* 영상물을 시청한 후 아이들과 함께 시청한다면 아이의 흥미와 적극적인 참여를 끌어내는데 훨씬 효과적이다.

넷째, 아이와 영상물을 시청할 때는 끊임없이 상호 작용하려고 노력했다. 예를 들어 곰돌이 가족의 여행이 나온다면 영상물 시청 중간마다 "곰돌이 가족은 어디를 가는 거야?", "엄마는 왜 곰돌이가 슬픈지 모르겠어." 하고 말하거나 일부러 모르는 체하며 아이들에게 물어봐 주면 아이들은 엄마에게 설명해 주는 재미에 더 신나서 영상물을 보곤 했다.

다섯째, 아이들의 눈높이에 맞는 재미있는 영상물을 활용했다. 재미있다는 의미는 아이들 눈높이에 맞고 아이가 충분히 호응할 수 있는 내용이어야 한다는 의미이다. 예를 들어 '로즈메리 웰즈'라는 유명 작가의 작품인 〈*Timothy Goes To School*〉(티모시네 유치원)은 부모들에게 상당히 인기가 많고 추천되는 영상물이다.

내용도 재미있고 대사 속도도 영어를 습득하기에 무난하지만, 유치원에서 벌어지는 아이의 일상을 통해 스토리가 전개되기 때문에 초등학교 고학년에는 별 재미가 없을 수 있다. 반대로 화려한 영상과 음향를 자랑하는 디즈니의 애니메이션은 아무리 영상이 아름답고 내용이 재미있다 하더라도 유아기의 아이들에게는 번쩍이는 화면에 그칠 확률이 높아서 영어 습득을 위해 활용하기에 적절하지 못한 경우가 많다.

따라서 너무 빠르거나 화려하지 않은 영상물로 시작하되 아이의 눈높이에 맞고 재미있는 내용이면 좋다. 아이의 성향에 따라 코믹물, 공주 이야기, 동물 이야기, 뮤지컬 등 좋아하는 영상물이 다를 수 있으니 먼저 아이의 성향을 파악하고 이에 맞는 영상물을 선택하는 것이 무엇보다 중요하다.

아이와 영어를 시작하며 활용하기 좋은 영어 영상물들

우리 집의 경우는 두 아이가 좋아하는 영상물 장르가 너무 달랐다. 큰아이는 '노래와 춤'이 함께하는 〈위씽 투게더〉(Wee sing together)나 〈바니와 친구들〉(Barney & friends) 같은 스토리와 노래가 함께하는 뮤지컬 부류의 영상물을 좋아했었다. 빠른 속도의 노래와 대화의 뮤지컬을 좋아했던 큰아이와 달리 작은아이는 따뜻하고 잔잔한 애니메이션을 좋아했었다.

대부분의 영상물은 DVD뿐만 아니라 유튜브에서도 영상이 제공되고 있다. 아이의 성향 파악을 위해 내용이 궁금하거나 구입 비용이 부담스럽다면 유튜브로 시청하는 것도 좋은 방법이다. 하지만 대본이 필요하거나 같은 내용을 반복 시청하고 싶다면 *DVD*를 구입해서 활용하는 것이 좋다. 다만 아이들에게 유튜브로 영상을 보여준다면 스마트폰이나 태블릿*PC* 화면보다는 *TV* 화면을 통해 보여 주는 것이 좋다.

1. 까이유 (*Caillou*)

EBS TV 〈호야네 집〉으로 방영되기도 하였으며, 4살짜리 까이유가 유아에서 아동기로 발달해 가는 과정에서 겪는 다양한 경험을 재미있게 담은 애니메이션이다. 쉽고 짧은 대사, 정확한 발음, 일상생활의 영어를 듣고 따라 할 수 있어 최근에는 엄마들의 영어 공부 교재와 아이들의 연따(영어 문장을 들으면서 바로 따라 하기)교재로 널리 활용될 정도로 회화체 문장을 익히기에 좋은 영상물이다.

2. 메이지 (*Maisy*)

EBS에서 〈꼬마 생쥐 메이지〉로 방영되었으며, 꼬마 생쥐 메이지의 모험을 선명하고 아름다운 색깔로 표현한 애니메이션이다. 꼬마 생쥐 메이지 외에 악어 친구 찰리, 코끼리 에디, 다람쥐 실리, 병아리 탈룰라가 등장하며 놀이를 통해 색깔, 숫자 등 사회생활에 대한 기본 개념을 소개하고 있다.

메이지는 우리 집에서 인기가 좋았던 캐릭터로 팝업북과 배쓰북(*bath Book*)도 같이 구입하여 활용했었다. 나는 '메이지'처럼 아이들이 좋아하는 캐릭터를 발견하게 되면 책, 영상물, 소품을 같이 구입하여 활용하였다. 아이들과 함께 영어 상황극을 하기도 하고 목욕할 때도 활용하기 좋았다. 이와 같은 적극적인 상호작용은 영상물 시청의 효과를 더 극대화하여 아이의 아웃풋을 끌어내는 데 도움이 될 수 있었다.

3. 도라 익스플로러 (*DORA the EXPLORER*)

〈도라 익스플로러〉(*DORA the EXPLORER*)는 '도라'라는 소녀를 주인공으로 하는 미국 텔레비전 채널 '니켈로디언'(*nickelodeon*)의 대표적인 인기 프로그램이다. 특히 우리 작은아이의 영어 말문을 열어 준 기특한 프로그램으로 나에게는 더 의미가 있는 영상물이기도 하다. 호기심이 많은 도라의 탐구 여행에는 아이들의 도움이 필요하다. 도라와 함께 모험하며 도라를 도와 문제를 해결하는 형식으로 구성되어 있다. 도라가 아이들의 적극적인 참여를 유도하는 질문을 하면 영상물을 시청하던 아이들이 도라의 질문에 화면을 보며 대답을 하기도 했다.

도라 *DVD*와 함께 도라 리더스북도 나와 있으니 필요하다면 같이 활용해도 좋을 것이다. 다만 영어 오리지널 버전에 간단한 스페인어가 나와 아이에 따라 이 부분을 싫어할 수 있으니 이 점은 아이의 성향에 따라 판단해야 한다.

4. 블루스 크루스(*Blue's clues*)

파란색 강아지 블루와 주인 스티브가 주인공으로 즐겁게 노래를 부르며 블루스 크루스 게임을 한다. 아이들의 직접 참여를 유도하는 수수께끼를 푸는 방식이다. 영어학습뿐 아니라 과학, 수학, 문자와 단어, 명작 이야기, 미술, 음악 등 다양한 학습 내용을 시리즈로 담고 있다.

정확한 발음과 쉬운 표현으로 우리 아이들은 '니켈로디언'(*nickelodeon*)의 방영 프로그램을 보고 좋아했던 작품이다. 아이들이 재미있어서 이 책 역시 블루 관련 배쓰북(*Bath book*)을 구입해서 함께 활용했었다. 인터넷 서점에서는 시청 나이를 3~7세로 표기해 놓았으나 내용은 초등학교 저학년생들도 즐겁게 볼 수 있을 것 같다.

5. 리틀베어 (*Little bear*)

〈리틀베어〉는 유명한 작가 *Maurice Sendak*(모리스 센닥)의 동화책 《*Little bear*》를 원작으로 한 애니메이션이다. 《*Little bear*》 책은 칼데콧 상을 받을 정도로 작품성과 예술성을 인정받은 작품이다. 우리 아이들의 경우 《*An I can read book*》 시리즈의 책을 먼저 읽고 *DVD*를 접했었는데 리딩북과 *DVD* 모두 200% 활용한 교재였다. 자연 속에 살아가는 아기 곰 리틀베어를 통해 가족 간의 사랑과 친구의 우정을 스토리로 담아내어, 아이들의 정서에 아주 자연스럽게 다가가도록 표현한 작품이다.

6. 맥스 앤 루비 (*Max and Ruby*)

EBS에서 〈토끼네 집으로 오세요〉로 번역되어 방송되기도 했던 작품이다. 장

난기 많고 엉뚱한 맥스와 상냥하고 똑똑한 누나 루비의 즐거운 일상을 그린 작품이다. 유아기의 나이대에 맞는 표현이 많이 등장하고 정확하고 또렷한 발음과 반복되는 문장으로 '까이유'와 더불어 대화체의 일상생활 영어를 습득하기 좋은 작품이다. 우리 아이들에게 '대박' 났었던 작품이기도 하며, 아이들뿐만 아니라 나도 너무 좋아하는 작품이다. 시청 권장 나이는 유아부터 초등 저학년 생에게 적합하지만, 초등 고학년도 유치하다는 생각만 하지 않는다면 생활영어를 습득하기에 좋은 영상물이다.

7. 티모시네 유치원 (*Timothy Goes to school*)

〈티모시네 유치원〉도 *EBS*에서 방영되었던 작품으로, 《맥스 앤 루비》를 집필한 '로즈메리 웰즈'의 작품이다. 주인공 티모시가 유치원에서 겪는 여러 가지 일들과 일상을 통해 느끼는 교훈을 담고 있으며, 이를 통해 문제를 해결하고 친구들과 우정을 쌓아가는 유치원 생활을 담고 있다. 제목처럼 유치원 생활을 담고 있어서 유아들과 초등 저학년생들에게 적합하지만, 대화의 속도와 내용이 앞서 소개한 〈까이유〉나 〈맥스 앤 루비〉보다는 약간 레벨이 있어, 처음 영어를 접하는 아이라면 좀 더 낮은 레벨의 영상물을 먼저 접한 후 보는 것이 무리가 없을 것 같다. 우리 아이들도 유치원 때 재미있게 시청했던 *DVD*다.

8. 꼬마 거북 프랭클린 (*Franklin and Friends*)

《*Franklin the Turtle books*》를 원작으로 한 꼬마 거북 프랭클린의 가족과 친구들 사이에서 일어난 모험과 경험을 다룬 애니메이션이다. 내용을 보면〈리틀베어〉와 비슷할 것 같지만 더 밝고 탐험 적이며 대화 속도가 리틀베어보다 빠르다. 분당 속도만 보면 초급자~중급자로 분류될 수 있겠지만, 내용은 유아들이 보기에도 적합해서 영어에 어느 정도 노출된 유아들에게도 추천하고 싶다. 우리 작은아이가 '니켈로디언'(*nickelodeon*)에서 애청했던 애니메이션이다.

9. 위씽(*Wee Sing*) 시리즈

위씽 시리즈의 경우 다양한 주제와 재미있는 모험에 포함된 아름다운 노래와 춤으로 전 세계 아이들의 사랑을 듬뿍 받은 작품이다. 우리가 비디오로 볼 당시에는 화질이 별로 좋은 편이 아니었는데 최근에 노부영 위씽 *DVD*로 새롭게 출시되면서 깨끗한 화질로도 시청이 가능해졌다. 하지만 〈위씽 시리즈〉는 전반적으로 고전적인 느낌이 있으니 구입 전 유튜브로 영상을 미리 보고 아이가 좋아한다면 그때 구입하는 게 나을 것 같다. 큰아이는 〈위씽 투게더〉(*Wee sing together*)를 작은아이는 〈위씽 기차여행〉(*Wee sing train*)을 특히 좋아했었다.

10. 바니와 친구들(*Barney & friends*) 시리즈

〈바니와 친구들〉(*Barney & friends*) 시리즈는 우리 집에서 많은 사랑을 받았던 영상물이다. 보라색 공룡 '바니'와 바니의 친구인 초록색의 '베이비 밥', 노란색의 '*B.J*'가 아이들과 함께 노래하며 모험하는 구성이다. 다양한 주제와 따뜻한 사랑을 느낄 수 있는 내용이 많다. 현재 *DVD*는 판매되지 않지만, 유튜브를 통해 대부분의 영상을 볼 수 있으므로 노래에 관심이 많은 아이라면 활용해 보기를 추천한다.

　특히 〈위씽〉 시리즈와 〈바니와 친구들〉 시리즈는 다른 영어 영상물보다 노래와 대화 속도가 상당히 빠른 편이다. 이렇게 빠른 속도의 영상물은 아이들에 따라 호불호가 다를 수 있으니 아이의 성향에 따라 활용 여부를 잘 선택하는 것이 좋을 것이다.

'듣기'에 효과적인 영어 영상물 활용 팁

　나는 이런 영상물을 아이들과 편안하게 시청하기도 했지만, 좀 더 의미 있는 듣기가 될 수 있도록 '캐릭터 활용하기', '소리 따로 녹음해서 흘려듣기', '느린 소리 영상 따라 말하기' 등의 방법으로 활용하기도 했다.

1. 캐릭터 활용하기

　앞에서 소개한 영상물들은 우리 아이들이 정말 좋아해서 여러 번 반복 시청했던 것들로 아이들은 각각의 캐릭터들에 흠뻑 빠져 살았었다. 그래서 아이들이 좋아하는 영상물의 캐릭터는 동화책이나 핸드 퍼펫 등 소품을 검색하여 함께 구입하여 활용했다. 좋아하는 캐릭터의 책과 소품 등을 구입해주면 아이들은 스스로 책을 읽고 캐릭터를 가지고 놀며 내게 먼저 말을 걸어왔다.

　한 번은 큰아이가 좋아하는 〈바니와 친구들〉의 '베이비 밥' 캐릭터 인형을 구입해 주었는데, 아이는 한동안 베이비 밥과 모든 것을 함께 했었다. 동생과 놀 때는 베이비 밥을 친구 삼아 셋이서 상황극을 했다. 영상에서 봤던 노래들을 들려주기도 했고 영상을 볼 때면 베이비 밥을 꼭 끌어안고 같이 춤추며 노래하곤 했었다. 그러다 보니 〈바니와 친구들〉의 빠른 노래 속도나 대화 속도는 중요하지 않았던 것 같다. 자신이 좋아하는 베이비 밥과 노래하고 놀다 보니 아이의 영어는 〈바니와 친구들〉을 닮아 가고 있었다.

2. 영어 소리 따로 녹음해서 흘려듣기

영어 영상물 시청은 화면을 보고 소리를 들으며 단어와 문장을 유추할 수 있는 장점이 있다. 그리고 여기서 한 단계 더 나아가 영상물의 소리만 따로 녹음하여 들려주는 방법을 활용하였다. 아이들이 장난감을 가지고 놀 때나 차를 타고 이동할 때 재미있게 보았던 영상물의 소리만 들려주면 '소리'에 좀 더 집중할 수 있어 아이들의 듣기 능력 향상에 더 효율적이었다.

특히 화면을 통해 볼 때는 지나쳤던 내용도 소리만 듣게 되면 '아, 이런 말이었네!' 하면서 민감하게 소리를 잡아내곤 했었다. 특히 우리 아이들은 〈맥스 앤 루비〉, 〈리틀베어〉, 〈까이유〉 같은 *DVD*의 소리를 좋아했다. 이 영상들은 정확한 발음과 잔잔한 스토리로 구성되어 있으며 가족, 친구, 자연 등의 주제를 담고 있어서 아이들뿐만 아니라 나도 재미있게 들었던 소리였다.

3. 느린 소리 영상 따라 말하기

위에 소개한 영상들은 대부분 속도가 아주 빠르지 않아 처음 영어를 배울 때 부담 없이 활용할 수 있는 영상들이다. 특히 까이유는 생활 영어를 위한 대화체가 많이 사용되고 대화 속도가 빠르지 않아 아이들이 충분히 영어에 노출되었을 때 오디오 대사를 듣고 바로 따라 하는 '연따'를 같이 시도해 보았다. '연따'는 영어 대사를 한 문장씩 멈추고 아이가 따라 할 수 있도록 하는 것인데, 아이 혼자 하기는 힘들어 내가 옆에서 한 문장씩 멈춰주는 방식으로 활용하였다.

'연따'는 아이들의 발음이 좋아지는 효과도 있고 대화체의 문장들을 습득하는데도 효과가 있긴 하지만, 영어에 익숙하지 않거나 말하기를 별로 좋아하지 않는 아이들에게는 권하고 싶지 않다. 오히려 보던 영상도 안 보겠다고 거부할 수 있으니 이 방법은 아이의 성향에 따라 신중하게 활용하는 게 좋다. 아이가 싫어한다면 그냥 좋아하는 영상을 찾아 몇 번 반복 시청하는 것이 더 효과적일 수 있다.

우리 아이들은 마음에 드는 캐릭터나 시리즈가 생기면 전체 시리즈를 몇 번씩 반복해서 보곤 했다. 관련된 책이 있으면 그 책도 무한 사랑에 빠지곤 했다. 그리고 아이들이 흠뻑 빠진 시리즈의 효과는 엄청났다. 영어 영상물은 하루 이틀 보여준다고 효과가 나오지 않는다. 꾸준히 보여주고 들려주다 보면 어느새 아웃풋이 터져 나오는 신기한 경험을 할 수 있다.

아이가 좋아하는 영어 영상물을 무조건 많이 시청하면 영어 실력이 좋아지리라 생각할 수도 있다. 하지만 다시 한번 말하지만 영상물에 오랜 시간 방치되면 영어 소리보다 화면에 집중하게 되어 교육 효과보다 영상물 중독의 우려가 커질 수 있다. 따라서 아이가 영어 *DVD*에 빠져 몰두하고 있는 동안에도 엄마의 눈은 아이에게 향하고 있어야 한다.

영어를 습득할 때 가장 중요한 1순위는 당연히 '듣기'이다. 듣기가 차면 자연스럽게 '말하기' '읽기' '쓰기'로 이어질 수 있기 때문이다. 하지만 듣기가 중요하다고 온종일 틀어 놓는 소리는 듣기가 아니라 소음이 될 수밖에 없다. 유의미한 듣기는 아이들이 즐거워하며 자발적으로 듣고 따라 할 때 가능하다. 재미있는 영상매체에 엄마의 관심과 상호 작용이 더해질 때 비로소 소음이 아닌 유의미한 듣기가 가능하게 된다.

영어 전문 서점 어떻게 활용할까?
: 영어책 고르기와 영어 전문 서점 활용하기

얼마 전 *TV* 방송의 예능 프로그램을 시청하다 조기 영어교재 풀 패키지 가격이 6백만 원이 넘는다는 내용에 깜짝 놀란 적이 있었다. 더욱이 방송에 출연한 주인공은 '비싼 만큼 비싼 값을 하겠지'라며 교재에 대한 검증이나 의심 없는 모습을 보여주었다. 하지만 과연 조기 영어교육 교재는 정말 비싸야 그 값을 하는 걸까?

프로그램을 시청하면서 정확한 조기 영어교육과 교재에 대한 정보 제공이 너무 부족하다는 생각이 들었다. 책을 구입할 때 '비싼 만큼 비싼 값을 하겠지', '유명 출판사의 전집이나 풀 패키지로 구입하는 게 더 좋을 거야'라는 생각을 한 번쯤은 해봤을 것이다.

아이의 영어교육을 위해 이런 비용을 기꺼이 지급하는 부모들의 마음도 충분히 이해된다. 부모가 직접 공부해서 가르치기가 여의치 않다 보니 전문 기관의 교재와 선생님의 도움을 받고 싶을 것이다. 하지만 처음부터 6백만 원의 풀 패키지를 구입하기보다 시간을 가지고 한 권 한 권 책 고르는 안목을 키우며 구입하는 교재가 아이의 성향에도 맞고 엄마의 영어교육 노하우를 키우는 방법이 될 수 있다.

영어책을 고르기 위해 인터넷을 검색하고 온라인 서점을 방문해 본 부모들이라면 너무 많은 정보의 홍수에 빠져 허우적거려 본 경험이 있을 것이다. 나 역시 처음 인터넷 서점을 찾아다니며 비슷한 경험을 했었다. 오프라인 서점을 방문하여 영어책이 눈에 익다면 좀 낫겠지만 온라인 서점을 처음 방문했다면 방대한 영어책의 종류, 다양한 *DVD* 시리즈들, 각종 영어 교구들, 기획 판매라는 명목하에 시리즈를 몽땅 묶어 파는 영어책 가격에 엄청난 혼란을 겪게 된다.

수많은 영어교재를 구입해 보니, 영어 교재의 가격이 교육의 효과를 좌우하지 않는다는 걸 알게 됐다. 교재의 가격보다 부모의 활용 방법이 훨씬 중요했다. 내가 시청했던 *TV* 프로그램의 방문 영어교육은 한 달 4회 교육비가 10만 원이 넘는다고 했다. 이 정도 비용이면 한 달에 영어 동화책 10권가량을 살 수 있고 1년이면 120권의 영어 동화책을 살 수 있는 비용이다. 그런데 한 달 10만 원의 영어교육비는 아깝게 생각하지 않지만, 영어 동화책 구입 비용 10만 원은 비싸다고 생각하는 경우가 많은 것 같다.

영어기관에 지급하는 교육비용은 그들이 많은 것을 해 줄 것이라는 믿음 때문일까? 유아기 아이들의 집중력은 한계가 있다. 이런 아이들에게 하루 30분, 주 1회의 영어교육은 절대적인 영어 인풋량을 채우기에 턱없이 부족하다. 엄마와 함께하다 너무 힘들어 기관이나 학습지의 도움을 받는 것은 얼마든지 좋다. 하지만 '비싼 게 좋다'는 생각으로 교육기관에 전적으로 아이의 영어교육을 맡기는 것은 다시 생각해 봐야 할 일이다.

이런 혼란을 피하고 싶다면 먼저 경험해 본 선배들의 책을 통해 영어책의 종류와 활용법을 대충이라도 파악해 보기를 추천한다. 기준을 잡은 후 영어책 구입을 결정하는 게 좋다. 처음부터 영어교육 고수가 될 수는 없다. 영어책을 한 권 한 권 고르다 보면 고르는 '눈'이 생긴다.

영어교육에 대해 가장 자주 듣는 질문이 아이에게 맞는 영어 교재 선택이다. 그만큼 맞춤형 영어교재 선택이 어렵다는 이야기다. 매번 선택이 어렵다 보니 구입이 편리한 전집을 선호하는 경우가 많다. 전집도 좋은 점이 많다. 하지만 처음부터 고액 전집이나 풀 패키지를 구매하기보다 단권의 원서 동화를 고르며 책 고르는 '안목'을 키워보는 걸 권하고 싶다.

나도 처음 영어책을 고르며 넘쳐나는 정보와 광고성 선전 때문에 책을 선택하는 데 힘이 들었다. 그래서 오프라인 서점을 자주 방문했다. 영어책을 직접 보고 눈에 익혔다. 자주 방문하는 영어서점에서도 좋은 영어책 소개와 영어교육 정보를 많이 얻을 수 있었다. 책값만 따진다면 조금 비싸게 구입했을지 모르지만 런투리드를 비롯한 보물 같은 책들을 구할 수 있는 좋은 경험이었다.

영어책을 인터넷에서 구입하게 되면 할인율도 높고 시간도 아낄 수 있다. 하지만 나중에는 온라인 서점에서 구입하더라도 처음 얼마간은 오프라인 서점을 방문해 보는 것을 권하고 싶다. 매장에 방문해 책의 내용을 읽어보고 책의 두께와 재질도 살펴보며 책과 친해져 보자.

인터넷 서점을 이용할 때는 책의 크기와 오디오 CD 포함 여부를 확인 후 구입하는 게 좋다. 아이가 영어책을 혼자 읽을 정도로 익숙해졌다면 책만 구입해도 괜찮겠지만, 영어를 처음 시작한다면 책과 오디오 CD를 같이 구입하여 활용하는 것이 좋다. 가끔 인터넷 서점에서 오디오 없이 책만 할인 판매할 때가 있다. 저렴한 가격만 보고 잘못 구입했다가 반품이 안 되는 경우가 있으니 구입 전 오디오 포함 여부와 책의 종류(보드북 또는 페이퍼백)를 꼭 확인하는 게 좋다.

아래는 아이와 영어를 하며 알아두면 유용한 영어책 전문 인터넷 서점들 목록이다. 인기 리더스북이나 챕터북의 경우 서점마다 일시 품절되는 경우가 많으므로 다양한 영어 전문 서점을 알아 둔다면 아이를 위한 적절한 책 구입에 도움이 될 것이다.

【알아두면 유용한 영어 인터넷 서점 목록】

❶ 제이와이북스(노부영) : www.jybooks.com

❷ 키즈북 세종 : www.kidsbooksejong.com

※ 유아들에게 적합한 책들과 리더스북을 다량 보유하고 있다.

❸ 애플리스 외국어사 : www.eplis.co.kr

※ 영어책뿐만 아니라 다양한 DVD를 나이별, 단계별로 다양하게 보유하고 있다.

❹ 웬디북 : www.wendybook.com

❺ 동방북스 : www.tongbangbooks.com

❻ 키다리영어샵 : www.ikidari.co.kr

❼ 에듀카 코리아 : www.educakorea.co.kr

※ 읽기를 시작한 이후의 리더스북이나 챕터북 위주의 책과 학습서를 많이 보유하고 있다.

❽ 하프프라이스북 : www.halfpricebook.co.kr

※ 서점 이름처럼 저렴한 가격할인이 자주 있어 잘만 고르면 알뜰 쇼핑을 할 수 있다.

❾ 도나북 : www.donnabook.com

❿ 잉글리쉬플러스 : www.englishplus.co.kr

⓫ 잉크앤페더 : www.inknfeather.com

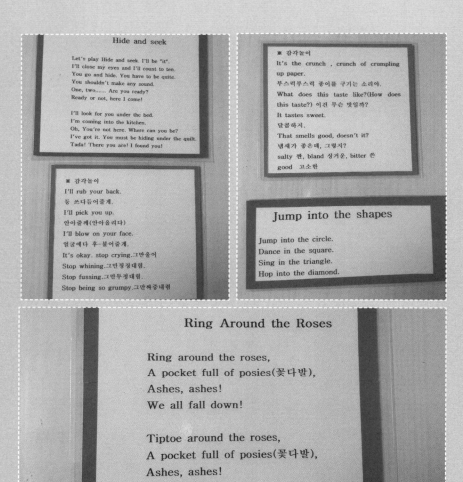

Hide and seek

Let's play Hide and seek. I'll be "it".
I'll close my eyes and I'll count to ten.
You go and hide. You have to be quite.
You shouldn't make any sound.
One, two....... Are you ready?
Ready or not, here I come!

I'll look for you under the bed.
I'm coming into the kitchen.
Oh, You're not here. Where can you be?
I've got it. You must be hiding under the quilt.
Tada! There you are! I found you!

※ 감각놀이
I'll rub your back.
등 쓰다듬어줄게.
I'll pick you up.
안아줄게.(안아올리다)
I'll blow on your face.
얼굴에다 후-불어줄게.
It's okay. stop crying.그만울이
Stop whining.그만징징대렴.
Stop fussing.그만투정대렴.
Stop being so grumpy.그만짜증내렴

※ 감각놀이
It's the crunch , crunch of crumpling
up paper.
부스럭부스럭 종이를 구기는 소리야.
What does this taste like?(How does
this taste?) 이건 무슨 맛일까?
It tastes sweet.
달콤하지.
That smells good, doesn't it?
냄새가 좋은데, 그렇지?
salty 짠, bland 싱거운, bitter 쓴
good 고소한

Jump into the shapes

Jump into the circle.
Dance in the square.
Sing in the triangle.
Hop into the diamond.

Ring Around the Roses

Ring around the roses,
A pocket full of posies(꽃다발),
Ashes, ashes!
We all fall down!

Tiptoe around the roses,
A pocket full of posies(꽃다발),
Ashes, ashes!
We all fall down!

놀이 방법은 비교적 간단했지만, 아이와 영어로 대화하며 놀이를 이끌기 위한 회화 공부가 필요했고, 우리 집 곳곳에는 또다시 영어 커닝 페이퍼가 붙기 시작했다. 특히 이런 영어놀이는 영어 아웃풋이 상대적으로 느렸던 작은아이의 적극적인 참여를 끌어낼 수 있었다.

※ 아이들과 영어 놀이를 할 때 집안에 붙여 놓고 활용했던 커닝 페이퍼 자료이다. 영어 놀이를 위해 영어책을 외우긴 했지만 완벽하지 못한 부분은 커닝 페이퍼 자료를 보며 아이들과 대화를 이어나갔다. 커닝 페이퍼 자료는 자료를 출력하고 적절한 크기로 잘라 코팅해서 활용했다.

※ 실제 아이들과 엄마표 영어를 하며 집안 곳곳에 붙였던 영어 대화를 위한 커닝 페이퍼이다. 상황별 대화 내용을 출력해 코팅해서 집안에 붙여놓고 아이들과 영어로 대화할 때 활용했었다.

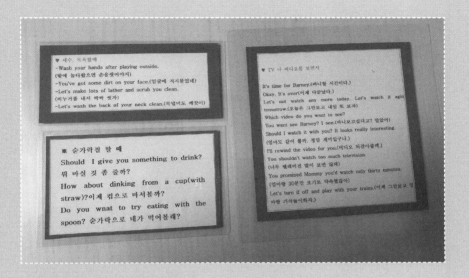

하루에 몇 문장만 외워도 일주일이면 양이 꽤 늘어났다. 하지만 한번 보고 외운 문장을 그대로 아이에게 적용하기에는 내 기억력에 한계가 있었다. 그래서 활용한 방법이 '커닝 페이퍼'를 집안 곳곳에 붙이는 것이었다. 집 안에서 사용하고 싶은 문장들을 주방·거실·안방의 장롱·싱크대·냉장고·정수기 등 벽면이 보이는 곳 어디에나 나만의 커닝 페이퍼를 붙였다.

베드타임 활용하기

아이들이 어렸을 때 좋아했던 책 중에 《개똥이 그림책》이라는 60권짜리 한글 동화책이 있었다. 아이들은 이 책을 너무 좋아해서 밤마다 몇 권씩 가지고 와 읽어 달라고 했었다. 나는 이 책을 영어로도 읽히고 싶었다. 그래서 영어로 번역된 문장을 찾아 출력한 후 책에 붙여 한글과 영어를 같이 읽을 수 있도록 편집했다. 그리고 아이들의 요구에 따라 한글과 영어로 읽어 주며 활용했었다. 각각의 문장을 일일이 오려 붙이는 게 힘들긴 했지만, 아이들의 베드타임용 읽기 책으로 너무 잘 활용했던 책이라 지금도 《개똥이 그림책》을 생각하면 그때의 기억이 생생하다.

나는 잠자기 전 1시간은 무조건 아이들에게 책 읽어 주는 시간으로 정했었다. 직장에 다니다 보니 매일 빠지지 않고 영어를 진행하기 위해서는 일정한 시간을 정해 아이들과 책 읽기를 해야 했다. 그중에서도 아이들이 잠들기 전 1시간은 영어책 읽기에 최적의 시간이었다. 매일 잠자기 전 1시간의 책 읽기는 아이들과 내게 꾸준한 책 읽기 습관을 만들어 주었고 습관은 아이들의 영어 실력이 되었다.

퇴근 후 아이들과 함께 영어를 할 수 있는 시간은 저녁 식사 후 아이들이 잠들기 전까지였다. 다행인지 아이들이 잠을 늦게 자는 편이어서 보통 저녁 9~10시까지 한 시간 정도는 책 읽어 줄 시간을 확보할 수 있었다. 온종일 유치원이며 놀이터를 뛰어다니다 지친 아이들은 이 시간이 하루 중 가장 차분했고 책을 읽을 수 있는 최적의 컨디션이었다.

우리는 영어책과 한글책을 한가득 쌓아놓고 이불을 깔고 누워 함께 책을 읽었다. 잠자기 전 책 읽기는 아이들의 영어 실력뿐만 아니라 정서적인 면에서도 많은 도움이 되었다. 책을 읽으며 아이의 유치원 생활이나 친구 이야기도 자연스럽게 나눌 수 있었다. 밤마다 책을 읽다 보니 우리가 자는 방안은 언제나 영어책과 한글책이 수북이 쌓여 있었다.

어떤 날은 영어책만 읽는 날도 있었고 어떤 날은 한글책만 읽는 날도 있었는데, 한글책만 읽은 날은 잠자기 전 영어 오디오 CD를 이용해 영어 소리를 지속해서 들려주려고 노력했다. 베드타임을 활용한 영어책 읽기는 엄마도 여유를 가지고 읽어 줄 수 있으며 아이들의 집중력 향상에도 좋았다. 아이들과 영어를 진행할 때 적극적으로 활용하기를 추천하고 싶다.

앞서 강조했듯이 아이와 읽을 영어책은 먼저 엄마가 내용을 읽어 보고 모르는 단어도 미리 확인해 두어야 한다. 물론 아이에게 단어를 해석해 줄 필요는 없지만, 엄마가 내용을 모르는 책은 아이에게 재미있게 읽어 주기 힘들다. 엄마가 먼저 책의 내용을 읽어 파악하고 있으면 아이와 대화거리가 풍부해진다.

보통의 영어동화 읽기는 사전 읽기(*before reading*), 본문 읽기(*while reading*), 사후 읽기(*after reading*)로 진행되지만 베드타임을 활용한 영어책 읽기는 이 세 단계를 모두 진행할 필요가 없다. 특히 사후읽기(*after reading*)를 하다 보면 자칫 아이들과 밤을 새워야 할 수도 있다. 최대한 편안하고 여유 있는 읽기가 될 수 있도록 읽기 전 아이들에게 간단한 질문을 하고 읽는 동안에는 상황에 따라 그냥 책 내용을 재미있게 읽어 주면 된다.

또한, 책을 많이 읽을 욕심에 아이의 질문을 무시하고 책장만 넘기지 않도록 주의하여야 한다. 책 읽기를 마치고 잠자리에 들 때는 불을 끄고 아이들이 좋아하는 영어동요나 자장가, 또는 아이들이 좋아하는 영어동화 오디오 소리를 잔잔하게 들려주어 영어 소리와 함께 잠들 수 있도록 해주는 것도 좋다.

하지만 베드타임 책 읽기를 아이가 영어 공부 시간이라고 느끼게 해서는 안 된다. 아이들과 영어를 할 때는 아이에게 영어의 '재미'를 느끼게 해주는 게 우선이다. 아이가 영어를 부담스러워한다면 처음부터 많은 양을 시도하지 않는 게 좋다. 한 권이라도 엄마가 오버하며 재미있게 읽어주어 아이의 흥미를 유도해 보자. 이런 베드타임 책 읽기가 습관이 되면 엄마가 깜박하더라도 아이가 책을 가져와 읽어 달라고 하게 된다. 그리고 아이가 먼저 영어 오디오 소리를 듣고 싶다고 하게 된다. 그때까지 꾸준히 베드타임 책 읽기를 진행해 보자.

단, 베드타임을 활용한 영어책 읽기는 반드시 시간을 정해놓고 지키는 게 좋다. 아무 때나 들쭉날쭉, 하는 날도 있고 안 하는 날도 있고, 이런 식으로 진행하게 되면 아이도 엄마도 습관이 붙지 않는다. 꾸준히 할 수도 없고 효과도 기대하기 힘들다. 하루에 30분~1시간은 무조건 '베드타임 책 읽기' 시간으로 정해놓고 아이와 책 읽기를 약속해 보자. 그 시간은 무슨 일이 있어도 지키려고 노력하다 보면 아이의 영어 인풋량을 채우는 데 큰 효과를 볼 수 있다.

엄마표 영어 원칙 ❸ 영어모임은 엄마의 브런치 모임이 아니에요

"너무 오랜만이에요. 잘 지냈죠?"

"너무 궁금했어요!"

얼마 전 반가운 목소리의 그녀와 통화를 했다. 내가 '목소리'라고 표현하는 건 그녀의 얼굴을 본 적이 없기 때문이다. 아이들과 영어를 진행하다 보면 외롭고 힘들 때가 있다. 누구도 가보지 않은 길을 아이와 단둘이 가고 있지만, 그 결과를 알 수 없는 길이기 때문이다.

그때 서로에게 큰 힘이 되어주며 그 외로운 길을 함께 했던 C와 C 엄마가 있었다. C 엄마와 나는 영어교육관, 육아관이 아주 잘 맞았다. 아이들을 무조건 학원으로 내몰기보다 엄마가 아이의 손을 잡고 함께 가며 아이 맞춤형 영어교육을 하고 있었고, 무엇보다 책이 중심이 되는 교육은 우리 둘의 공통점이었다. 서로 사는 곳도 다르고 얼굴도 본 적이 없었지만, 육아와 영어교육이라는 공통점을 가진 우리는 서로 끌어주고 밀어주며 좋은 육아 동기가 되었다.

우리만의 인터넷 카페에 아이들의 영어 진행기를 올려 공유하고 피드백을 했다. 피드백은 잘못을 지적하는 게 아니고 아이들에게 칭찬해 주는 방식이었다. 그리고 몇 년의 시간이 지난 뒤 나의 육아 동기와 오랜만에 통화를 하게 된 것이었다. 우리는 그날 '엄마표 영어'와 '영어모임'이 아이들에게 얼마나 소중한 것이었는지, 그동안의 노력과 추억을 이야기했다.

아이와 영어를 하다 보면 또래 아이들과 영어 모임을 하는 경우가 있다. 하지만 엄마와 아이들이 모이게 되면 다른 아이들의 성장이 먼저 눈에 보일 수밖에 없다. 그로 인해 아이들을 비교하고 질투하며 스트레스를 받으면 영어모임도 아이와 영어 진행도 오래 할 수 없다.

또한 아이들을 위한 모임이 잘 되기 위해서는 내 아이를 다른 아이와 비교하지 않는 엄마의 뚝심과 영어모임을 위한 사전 준비가 중요하다. 내 아이의 비교 대상은 오직 내 아이일 뿐이라는 생각으로 영어모임에 임해야 한다. 그리고 매주 모임에서 진행할 과제를 미리 정하고 각자 맡은 부분을 성실하게 준비하여야 한다.

여러 번의 영어모임을 통해 다른 아이들의 영어 진행기를 보며 영어 진행은 아이의 성향에 따라 속도와 방법을 달리해야 한다는 배움을 얻었다. 아이를 키워보니 속도가 다를 뿐 무엇이든 꾸준히만 하면 같은 목적지에 다다를 수 있다는 것을 알 수 있었다. 목적지에 가지 못하는 것은 우리 아이가 모자라서가 아니라 엄마가 포기하고 꾸준함을 잃기 때문이다. 영어모임의 중심은 아이들임을 항상 기억해야 한다.

4장

엄마표 영어 실천 로드맵

◈ 엄마표 영어 터 잡기

step 1. 소리를 생활 속으로

집안 곳곳에 영어 소리 채우기 준비

영어의 첫 단계는 듣기이다. 이는 학원이나 기관에서 해 줄 수 없는 엄마가 함께하는 영어의 장점이다. 엄청난 양의 듣기가 채워져야 말이 터져 나오고 읽고 싶어지며 쓰고 싶어지기 때문이다. 이런 듣기를 위해서는 아이가 생활하는 곳에서 언제든 버튼 하나만 누르면 영어 소리를 들을 수 있는 환경이 준비되어 있어야 한다.

집에 와서야 오디오 CD를 찾기 시작하고, 어떤 소리를 들을까 고르며 거실에 있는 CD를 안방으로 옮겨 다시 플레이시키고, 집에 있는 오디오 CD를 차에 가지고 나와 소리를 들려줘서는 안 된다. 이렇게 준비되어 있지 않은 환경이라면 아이들에게 충분한 양의 영어 인풋을 제공해 주기 힘들뿐더러 엄마부터도 영어에 푹 빠져 습관이 되기 힘들다. 거실, 안방, 아이 방, 주방, 자동차 안까지 언제 어디서든 아이가 있는 곳에서는 영어 소리를 들려줄 수 있도록 항상 준비되어 있어야 한다.

만일 스마트폰을 활용해 소리를 들려주고 있다면 언제든 아이가 좋아하는 소리를 들려줄 수 있도록 스마트폰에 영어 소리가 꽉 채워져 있어야 한다. 물론 스마트폰이 없는 곳에는 다른 기기가 준비되어 있어야 할 것이다.

우리 아이들이 어렸을 때는 대부분의 오디오 소리가 테이프로 제공되었었다. 그래서 집안에 오디오와 카세트 플레이어를 여러 대 준비해서 언제든 아이가 있는 곳에서는 영어 소리를 들을 수 있도록 준비해 두었다. 그리고 *DVD* 중에 아이들이 좋아하는 것들은 소리만 따로 녹음해 별도의 파일로 담아 아이가 언제든 들을 수 있도록 준비해 두었다. 영어로부터 자유로운 아이로 키우고 싶다면 아이가 생활하는 장소에는 언제든 영어 소리를 들려줄 준비가 되어 있어야 한다.

"Laziness is like rust in iron"
(게으름은 쇠붙이의 녹과 같다.)
– 밴저민 프랭클린 –

흘러듣기로 영어가 스며들다

"애들 잠들었는데, 이제 영어 소리 말고 우리 가요 좀 들어도 될까?"
아이들이 어렸을 때 우리 가족의 나들이 차량에는 항상 영어 소리가 흘러나왔다. 아이들은 서로 자기들이 좋아하는 영어 소리를 듣고 싶다고 했지만, 영어에 별 관심이 없는 남편은 아이들을 위해 들리지도 않는 영어 소리를 듣고 있다가 아이들이 잠에 빠지면 영어 소리 탈출을 시도하곤 했었다.

부모와 영어로 대화를 하는 것은 영어를 생활 속으로 가지고 와 아이들에게 영어를 생활 일부로 거부감 없이 받아들일 수 있게 만들어 줄 수 있긴 하지만, 부모가 온종일 영어로 대화하기는 현실적으로 힘들다. 따라서 아이들에게 영어의 리듬감과 원어민의 정확한 발음을 익히고 임계치에 이를 정도로 많은 양의 인풋을 제공해 주기 위해서는 집에서의 효과적인 흘려듣기가 매우 중요하다.

흘려듣기는 많은 영어 노출 시간을 확보할 수 있으며, 공부한다는 스트레스를 받지 않고 영어를 받아들일 수 있다. 여기서 흘려듣기는 'DVD 등 영상매체' 듣기만을 의미하는 것이 아니다. 아이가 듣고 있다고 느끼지 않고 자연스럽게 듣는 영어동요, 영어동화 등의 듣기를 포함한다. 즉 아이가 식사하거나 놀 때 자동차를 타고 이동할 때 편안하게 들을 수 있는 모든 소리를 포함한 개념이다.

DVD 등 영상매체 보기는 화면을 통한 어휘나 문장 유추 능력을 키우며, 실생활에 사용되는 구어체 표현을 익히고, 영어권의 생활과 문화를 배울 수 있는 장점이 있다. 이에 반해 오디오 소리 흘려듣기는 영어의 리듬감을 익히고 빠른 영어 소리를 잡아낼 수 있도록 아이들의 귀를 민감하게 연습시켜줄 수 있다. 효과적인 흘려듣기를 위해서는 먼저 집안 곳곳을 영어 소리로 채우는 흘려듣기 환경을 만들도록 한다. 그리고 흘려듣기가 '습관'이 될 수 있도록 끊임없이 들려주어야 한다. 흘려듣기에 재미를 느끼게 되면 아이 스스로 영어 소리를 찾아 듣게 될 것이다.

흘려듣기로 활용할 수 있는 소리는 아이가 좋아하는 영어동화, 영어동요 그리고 DVD 소리 등이 될 수 있다. 영어동화의 경우 읽어주기(reading), 노래

(song), 챈트(chat) 부분 중 아이가 좋아하는 부분을 따로 골라 들려주는 것도 좋은 방법이다. 영어동요는 한 가지 종류의 소리를 반복적으로 들려주기보다는 다양한 종류의 CD를 준비해 번갈아 가며 들려주는 것이 좋다. DVD 등 영상 매체는 시청 시간을 정해 가능하면 부모가 함께 시청하도록 하여 영상물에 중독되지 않도록 하고 아이가 재미있게 본 DVD 등 영상매체는 소리만 따로 녹음하여 흘려듣기 교재로 활용하면 더욱 효과적일 수 있다.

영어 습득에서 가장 우선순위가 되는 것은 듣기이다. 임계치에 이를 때까지의 듣기가 채워져야 다음 단계인 말하기에 이를 수 있다. 임계치에 이를 때까지의 듣기를 위해 아이에게 충분한 흘려듣기 환경을 만들어 주고 습관이 되도록 이끌어줘 보자.

 엄마표 영어 흘려듣기에 활용할 만한 영상자료

엄마표 영어 초기에 활용할 만한 영어 영상물 자료들을 모았습니다.
①번 영상은 너무 어린 연령이 주인공으로 등장하는 영상물을 활용하기 어려운 초등학생도 흥미롭게 볼 수 있는 영상물을 모았고, ②번 영상은 엄마표 영어를 처음 시작하며 활용하기 좋은 필수 영상들을 모았습니다.

①
 **엄마표 영어 흘려듣기,
초등학생이라면 꼭 봐야 할
영어 DVD 영상 BEST 5**

②
 **엄마표 영어
시작하기 좋은 DVD
영상 BEST 5**

step 2. 아이의 말문이 터지다

쉬운 영어책 읽기로 아웃풋을 끌어내다

영어동화를 활용하는 분 중에 많은 시간 영어동화를 들려주었는데도 아이들의 아웃풋이 나오지 않아 답답해하는 경우를 많이 볼 수 있다. 듣기 시간이 부족했을 수도 있고, 아이의 성향 탓도 있을 수 있고, 효과적인 아웃풋을 유도하기 위한 노력이 부족했을 수도 있다.

아이의 성향 탓이라면 기다림이 필요할 것이고, 효과적인 아웃풋을 유도하는 노력은 방법의 문제일 것이다.

상황에 따라 다양한 방법이 있겠지만, 나의 경우 효과적인 아웃풋을 유도할 수 있었던 방법의 하나는 쉬운 영어책 읽기였다. 아이들의 빠른 아웃풋을 유도하려고 일부러 쉬운 영어책을 읽은 것이 아니었다. 내가 쉽게 읽어 줄 수 있고 아이들이 쉽게 받아들일 수 있는 책을 찾아 읽다 보니 '쉬운 영어책 읽기'로 이어졌다. 그리고 그것이 아이들의 영어 아웃풋을 좀 더 빨리 끌어낼 수 있었다.

'쉬운 영어책 읽기'가 중요하다면 쉬운 문장의 영어동화를 읽어 주기만 하면 된다는 의미인지 의문이 생길 것이다. 그럼 인터넷을 검색해서 제일 낮은 수준의 영어동화만 읽어 주면 될까?

이 질문에 대한 답을 위해 아이들이 읽는 영어책에 대한 구분을 먼저 알아봐야 할 것 같다.

영어책에는 어떤 것들이 있나요?

1. 영어동화

영어동화는 우리나라의 그림 동화책 같은 영어책으로 이는 창작 동화와 단순 동화로 구분해 볼 수 있다. 창작 동화는 '에릭 칼'과 같은 동화 작가들이 다채로운 색채와 상상력을 자극하는 글과 그림으로 만든 동화 작품이며, 이에 반해 단순 동화는 이야기의 줄거리보다는 단순한 그림과 단어, 문장의 나열로 사물의 개념을 익히고 문장의 패턴을 익힐 수 있도록 만들어진 동화책이다.

2. 리더스북 (읽기 책)

리더스북은 영어권 아이들이 영어동화를 읽고 나서 혼자 책 읽기 단계로 넘어갈 때 활용하는 쉬운 읽기 연습용 책을 말한다. 나이별로 그 나이대 아이들이 책을 읽는 데 필요한 단어를 선정하고, 제한된 단어를 활용해 만들어진다. 의도적인 읽기 훈련용 책이다 보니 스토리나 감동보다는 중요 어휘의 반복 노출을 통해 아이들의 읽기 독립을 유도하는 특징이 있다.

3. 리딩 챕터북

챕터북은 하나의 이야기가 챕터별로 나누어져 있는 책으로 리더스북과 소설의 중간 단계 책이다. 리더스북을 통해 중요 빈출 어휘에 익숙해진 아이들이 스토리를 통해 책 읽기의 재미를 느끼고 본격적인 책 읽기를 할 수 있을 때 읽는 책이다. 책의 페이지 수가 많아져서 1권당 40~50페이지부터 100페이지가 넘는 책까지 있다. 본격적으로 책 읽기에 흥미를 붙이며 읽기를 할 수 있는 책이다.

4. 영어 소설

긴 분량의 챕터북까지 혼자서 만만하게 읽을 수 있다면 스토리가 다양하고 구성이 복잡하며 감동이 있는 영어 소설을 읽을 수 있다. 이 시기가 되면 거의 영어 읽기 독립이 끝나는 시기이다. 당연히 아주 빠른 속도의 듣기 및 말하기 쓰기도 모두 가능해질 것이다.

쉬운 영어책 읽기, 이렇게 했다

아이와 함께하는 영어는 영어 동화책부터 시작해서 리더스북, 챕터북, 영어 소설의 순서로 읽기를 진행하게 되며 유아기에 영어 동화책 읽기는 창작 동화와 단순 동화를 주로 읽어 주게 된다.

하지만 나는 아이들과 처음 영어책 읽기를 할 때 영어 동화책 읽기만을 고집하지 않고, 영어 동화책과 리더스북을 함께 활용한 '쉬운 영어책 읽어주기'를 시도하였다.

영어 리더스북은 읽기를 처음 시작하는 아이들을 위해 단계별로 필수적이고 쉬운 어휘로 구성된 책이다. 따라서 큰 감동을 얻기는 힘들지만, 영어를 처음 시작하는 아이들의 어휘 확장에 아주 요긴하게 활용할 수 있는 교재였다. 특히 리더스북은 크고 재미있는 그림으로 구성된 책들이 많았다. 그림을 보며 엄마의 적당한 오버액션이 함께하면 아이들의 호기심을 자극할 수 있었고, 영어 단어 및 문장 패턴을 익히는 데 더없이 좋은 교재로 활용 할 수 있었다.

영어동화는 그림과 글을 읽으며 영어와 감동을 모두 얻을 수 있는 좋은 교재이다. 하지만 앵무새처럼 단순하게 문장만 읽어 주는 것은 아이들의 아웃풋을 끌어내기 힘들다. 엄마와의 추가 상호 작용을 통해 동화 속에 나온 단어와 어휘를 확인하고 인지 시켜 줄 수 있는 활동 또한 필요하다.

여기서 '확인'이라는 의미는 아이에게 '단어 뜻'을 확인한다는 것이 아니다. 아이가 동화책에서 봤던 단어의 의미를 다른 책과 영상 매체 등을 통해 스스로 인지할 수 있도록 도와주는 것이다. 이러한 '확인' 활동은 순수 동화와 리더스북을 같이 활용함으로써 그 효과를 극대화할 수 있었다.

1. 그림 위주의 리더스북으로 단어 및 어휘 확장하기

앞에서 언급했지만, 리더스북은 아이들을 위한 순수 동화가 아니라 책을 읽기 시작하는 아이들을 위한 읽기 연습용 책이다. 따라서 단계별로 습득해야 할 기본 단어와 어휘들을 배우기에도 좋은 책이다. 우리가 모국어를 습득할 때 '엄마', '아빠'와 같은 기본 단어부터 배우기 시작하듯 영어도 기본 단어 습득이 먼저 이루어져야 한다. 그래서 영어를 처음 배우는 아이들의 기본 단어 습득과 어휘 확장을 위해 순수 동화와 그림 위주의 리더스북을 함께 활용하였다.

① 스토리가 있는 리더스북 활용하기

스토리가 있는 리더스북으로 내가 활용했던 책 중에 *Ladybird* 출판사의 《*Read it yourself*》 시리즈가 있었다. 이 시리즈 중에 《*The Enormous Turnip*》 이라는 리더스북을 예로 들어 보면, 이 책은 우리가 '커다란 순무'라고 알고 있는 동화를 아이들의 읽기용 리더스북으로 만든 것이다.

기본 단어와 문장을 쉽게 반복하도록 만들어져서 영어를 처음 시작하는 엄마들이 아이들과 함께 활용하기 좋다. 도입부에 등장인물과 주요 단어들을 먼저 소개하고 있어 아이들과 그림을 보며 단어를 먼저 파악하고 본문을 읽을 수 있다.

여기서 한 가지 고백하자면 나도 이 책을 읽기 전까지 '*turnip*'이라는 단어를 알지 못했다. 이렇게 영어책을 읽다 보면 부모도 알지 못하는 단어들이 수시로 등장한다. 따라서 아이와 읽을 책은 부모가 먼저 읽어보도록 한다. 모르는 단어는 찾아보고 어려운 단어가 있다 해도 당황하지 말고 책에 간단한 메모를 해두면 좋다.

외국인과 대화한다면 '무를 뽑는다'를 어떻게 표현할까? 이 책을 본 아이들은 자연스럽게 '*pull*'이라는 단어를 사용할 것이다. 아이들은 무를 뽑기 위한 고군

분투 스토리를 읽어가며 'pull'이라는 단어가 문을 열 때만 사용하는 게 아니라 '무를 뽑는다'는 표현에도 사용된다는 사실을 자연스럽게 습득할 수 있다. 이처럼 리더스북을 활용하면 기본 어휘의 다양한 활용을 반복된 문장 안에서 자연스럽게 배울 수 있는 장점이 있다.

 📝 영어 리더스 《The Enormous Turnip》과 책(글) 보러 가기
그림 위주의 리더스로 단어 개념 및 어휘 확장 시키기 1

② 라임(rhyme)을 익힐 수 있는 리더스북 활용하기

영어는 우리말과 달리 강세, 리듬, 억양을 중시하며 이를 통해 의미를 전달하는 언어이다. 특히 영어책을 읽다 보면 앞서 말했듯이 라임(rhyme)을 매우 중시한다는 것을 알 수 있다. 라임은 우리말로 '운' 또는 '각운'이라고 번역할 수 있을 텐데, 둘 이상의 낱말에서 같은 소리가 반복되는 것으로 보통은 단어의 끝에 오는 소리가 반복된다.

영어동요나 영시에서 특히 많이 볼 수 있으며, 라임에 익숙해지면 영어 음감과 파닉스 습득에도 효과적이다. 이를 위해 활용했던 리더스북 중에는 《Read it yourself》 시리즈의 《Chicken Licken》이라는 리더스북이 있었다. 특히 이 책은 내게도 라임의 재미에 푹 빠져들게 했던 기억이 있다. 주인공의 이름부터 라임으로 시작한다.

'Chicken Licken'이라는 이름에서 주인공이 '닭'이겠구나 싶은 감이 왔고, 두 단어의 뒷부분 'ken'에 주의해서 읽다 보면 그저 소리 내어 읽는 것만으로

도 재미가 있었다. 그리고 책을 읽다가 한 번씩 아이에게 슬쩍 질문을 던졌다. *"What's this chicken's name?"* 그러면 아이들은 신이 나서 *"Chicken Licken!"*이라고 답하곤 했다.

책의 맨 마지막 페이지에는 모든 등장인물의 이름을 다 볼 수 있는데, *'Chicken Licken'*, *'Henny penny'*, *'Cocky Locky'*, *'Ducky Lucky'*, *'Drakey Lakey'*. *'Goosey Loosey'*처럼 모든 단어가 라임으로 이루어져 있어 이 페이지만 읽어도 영어 라임의 맛을 느낄 수 있다.

아이들과 영어를 진행하며 알게 된 것 중 하나는 영어와 우리말은 1:1 번역만으로 그 뜻을 온전히 알 수 없다는 것이다. 리듬, 강세, 운율, 라임이라는 특성을 가진 영어는 단어 뜻 하나만 공부한다고 습득할 수 있는 것이 아니었다. 언어로서의 영어는 어려서부터 듣고 읽은 영어동요, 영어동화를 통해 '언어 감'이 자연스럽게 습득되는 것이었다.

 📝 영어 리더스《Chicken Licken》과 책(글) 보러 가기
그림 위주의 리더스로 단어 개념 및 어휘 확장 시키기 2

③ 단어와 어휘 다지기용 리더스북 활용

아이들은 영어동화나 영상매체를 통해 많은 영어 단어와 어휘를 접하게 된다. 그리고 엄마와의 생활 속 대화를 통해서도 영어 단어와 문장을 만나게 된다. 하지만 영어가 모국어가 아닌 우리나라에서 엄마와 사용할 수 있는 생활영어 단어들은 한정되어 있다. 또한, 책이나 *DVD*를 통해서 보고 들은 단어들

은 그 의미가 명확하게 인지되지 않은 경우가 많다.

따라서 동화나 영상을 통해 습득한 단어를 '내 것'으로 만들고 어휘를 확장하기 위한 '단어 의미 다져주기' 과정이 필요하다. 예를 들어 책이나 영상물에서 '숫자 3', 'three'라는 단어를 보고 들었다면 다른 대화나 의사소통을 위해 3뿐만 아니라 숫자를 전체적으로 인지 시켜 주는 활동이 필요한 것이다. 나는 이런 활동을 위해 리더스북을 유용한 교재로 활용하였다.

단어와 어휘 다지기용 리더스북으로 활용했던 책 중에 《Time for kids》라는 리더스북 시리즈가 있었다. 책을 읽기 시작하는 아이들을 위해 만들어진 리더스북으로 그 구성이 기본적인 어휘를 익히기에 적절하였다. 그래서 아이들과 저녁마다 10권 이상은 읽었던 것 같다. 10권이라고 해도 10페이지 내외의 짧은 분량이라 읽는 데 많은 시간이 걸리지는 않았다.

예를 들어 1단계 《My Numbers》는 동물 그림을 보며 숫자를 익히는 책이었다. 그렇기 때문에 문장을 읽기 전 동물의 숫자 세기를 먼저 했다. "one, two" 그리고 나서 책 하단의 문장을 아이들에게 읽어 주었다. 가끔 일부러 숫자를 틀리게 읽어주기도 했다. 그럴 때면 아이들이 "엄마, 틀렸어요. three가 아니라 two에요!"라고 신나게 내가 틀린 점을 지적해 주곤 했다.

4단계 《Land》는 '육지와 땅'에 대해 배울 수 있는 책이었다. 그림이 크고 사실적이어서 아이들과 쭉쭉 넘기며 쉽고 재미있게 볼 수 있었다. 사진 보듯 책장을 넘기며 몇 문장 읽어주고 나면 금방 5~6권을 읽곤 했는데, 4단계지만 한 페이지에 두 문장 정도로 문장의 길이도 길지 않고 아주 어렵지 않아 아이들과 쉽게 활용할 수 있었다.

리더스북은 단계에 따라 활용법이 달라질 수 있다. 초급 단계는 기본 단어의 의미 다지기용으로 활용할 수 있다. 고급 단계는 처음에는 그림을 보며 간단하게 훑어보는 책으로 활용하다가 이후 아이들이 영어에 익숙해지고 배경지식이 쌓이면, 그때 읽어주기 책으로 활용하면 더욱 효과적일 것이다.

 📝 영어 리더스《Chicken Licken》과 책(글) 보러 가기
그림 위주의 리더스로 단어 개념 및 어휘 확장 시키기 3

2. 순수 동화와 리더스북 함께 활용하기

순수 동화는 다채로운 색상과 글로 아이들의 상상력을 키우기에 좋은 장점이 있고, 리더스북은 글 읽기를 시작하는 아이들에게 쉽고 필수적인 단어와 문장 패턴을 반복시킬 수 있는 장점이 있다. 따라서 같은 주제를 정해 이 두 가지를 같이 활용하면 아이들의 상상력을 키움과 동시에 단어인지와 문장 패턴을 자연스럽게 습득시키는 데 효율적이었다. 그리고 이것은 아이들의 영어 아웃풋을 좀 더 확실히 유도할 수 있는 좋은 방법이 될 수 있었다.

예를 들어 유명 동화 작가인 도널드 크루의 《Rain》이라는 작품을 리더스북 《런투리드》(*Learn to read*) 시리즈 중 한 권인 《*rain*》과 함께 활용했다. 먼저 도

널드 크루의 《Rain》을 아이들과 표지를 보며 사전읽기(*before reading*)로 시작하였다.

> **Look, Maybe It's rainy day. I can see the rain.**
> (여길 봐, 비가 오는 날이네. 여기 비가 보인다.)

이 책은 표지 전체에 'rain'이라는 글자로 빗줄기를 표현하고 있지만, 미처 발견하지 못하고 'rain'이 어디 있냐고 묻는 아이가 있을 수 있다. 설마 아이가 'rain'을 못 찾는다고 꾸짖는 부모는 없겠지만, 아이가 어떤 이야기를 하든 존중해주며 그에 대해 같이 이야기해보자. 아이의 상상력으로 인해 더 재미있는 책 읽기가 될 수도 있을 것이다.

이렇게 충분히 상상력을 자극하는 순수 동화 《rain》을 읽은 다음, 비슷한 내용의 리더스북 《rain》(런투리드 시리즈)을 같이 읽고 오디오 소리를 흘려듣기도 하였다. 제목은 똑같지만 읽기 연습을 목적으로 하는 리더스북 《rain》은 내용이 짧고 반복된 문장으로 문장 패턴을 익히기에 좋은 책이다.

리더스북 《rain》에서는 'rain on the ~ '(~에 비가 내려요) 라는 구문을 반복적으로 연습시키고 있다. 또한 'green grass, tree, rooftop, flower, bee, red barn'이라는 필수 어휘를 그림을 통해 익힐 수 있도록 안내하고 있다.

이렇게 리더스북을 활용한 책 읽기는 단어 인지와 짧지만 생생한 구어체의 문장들을 많이 익힐 수 있어 아이들의 말하기에 많은 도움이 되었다. "But not on me"이라는 문장 또한 그러했다. "난 비를 안 맞아요."라는 말을 "not on me"

이라는 짧은 문장으로 표현하는데, 이런 생생한 표현들은 영어 교과서에서는 배우기 힘든 것들이었다.

비 오는 날은 아이들과 우산을 쓰고 걸어가며 서로 게임을 하듯 이야기했다.

"Rain on the white car"	(흰색 차에 비가 내려요)
"Rain on the playground"	(운동장에 비가 내려요)
"Rain on the shoes"	(신발에 비가 내려요)
"But not on me"	(하지만 나는 비를 안 맞아요)

비에 젖은 주변에 모든 것들이 아이들의 영어 말하기 소재였고, 아이들에게 영어는 눈에 보이는 것들을 표현할 수 있는 '언어'일 뿐이었다.

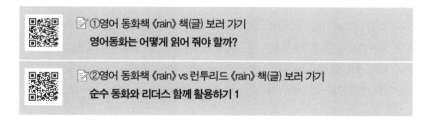

①영어 동화책 《rain》 책(글) 보러 가기
영어동화는 어떻게 읽어 줘야 할까?

②영어 동화책 《rain》 vs 런투리드 《rain》 책(글) 보러 가기
순수 동화와 리더스 함께 활용하기 1

우리 아이들의 영어 아웃풋이 상대적으로 빠를 수 있었던 건 꾸준한 영어 듣기와 쉬운 영어책 읽어 주기가 상당히 도움이 되었다고 생각한다. 쉬운 영어책 읽기는 읽어 주는 엄마에게도 부담이 없고 아이에게도 책의 내용을 쉽게 유추할 수 있는 장점이 있다. 반복적인 패턴을 통해 다양한 문장을 익히고 아이들의 아웃풋을 끌어낼 수 있도록 쉬운 영어책 읽기를 적절히 활용해 보도록 하자.

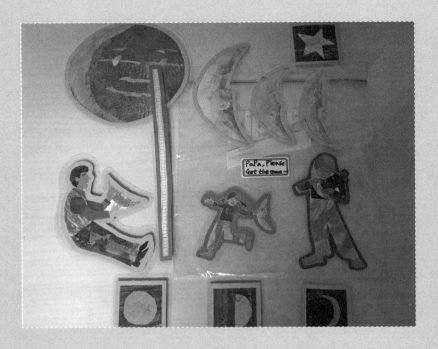

에릭 칼의 《Papa, please get the moon for me》이라는 순수 동화를 아이와 읽은 후 스토리 텔링을 하기 위해 주인공 아이, 아빠, 밤하늘에 별과 달, 사다리 모양을 각각 출력하고 코팅하여, 다른 동화책과 마찬가지로 보드 판에 붙여가며 스토리텔링을 하였다. 또한, 달의 변화를 아이와 함께 알아보는 연계 활동을 위해 보름달, 반달, 초승달 등 달 모양도 코팅해 준비했다. 각각의 모형은 지퍼백에 넣어 보관하였고, 겉에 동화 제목을 쓴 후 플라스틱 파일에 2~3개의 동화를 같이 넣어 언제든 아이들과 쉽게 활용할 수 있도록 준비해 놓았다. 아이들이 원할 때는 언제든 보관된 자료를 꺼내 아이들과 연계 활동을 하며 활용하였다.

영어동화를 읽고 난 후에는 가능하면 사후 활동(after reading)이라고 하는 다양한 연계 활동을 통해 책의 내용을 더 확장하는 활동을 할 수 있다. 아이들과 초승달, 반달, 보름달 모양을 종이에 그려 만들어 보거나 함께 만든 '달 모양'을 코팅하여 아이와 영어로 대화하며 놀이를 할 수도 있다.

step 3. 아이가 책을 읽어요

파닉스 습득하기

아이들에게 3~4년 정도 꾸준한 영어 소리 듣기와 영어동화를 진행하다 보니 영어 듣기와 말하기 수준이 우리말과 비슷한 정도가 되었다. 5세가 되면서 어린이집에서 한글을 조금씩 가르치기 시작했고, 아이가 한글에 관심을 보이기 시작하자 영어 문자를 어떤 방식으로 가르쳐야 할지를 고민하게 되었다. 그동안 영어환경을 조성해주고 소리를 통한 인풋을 최대한 제공해주었지만, 문자를 어떻게 소리와 매칭시켜야 할 것 인가는 또 다른 문제였다.

한글과 영어 문자 중 어느 것을 먼저 가르쳐야 할까? 나뿐만 아니라 아이와 영어를 하다 보면 한 번쯤 하게 되는 고민이겠지만, 영어나 우리말 모두를 자연스럽게 받아들이고 있다면 너무 걱정하지 않아도 될 것 같다. 그동안 경험에 의하면 우리 아이들뿐만 아니라 주변의 다른 아이들도 문자를 습득하고 책 읽기를 시작했을 때 두 문자 사이에 혼란은 없었다. 이미 모국어와 영어 소리가 자리를 잡았다면 이제는 각각을 어떤 방법으로 습득해야 할지를 고민해야 하는 문제이다.

처음 아이를 영어학원에 보내면 소리에 전혀 노출이 없었음에도 파닉스부터 시작하는 경우를 종종 볼 수 있다. 파닉스는 소리를 문자와 일치 시켜 문자를 읽게 하기 위한 것이다. 따라서 소리에 노출이 전혀 없었던 아이에게 장시간 파닉스만을 학습시키는 것은 '영어 공부를 위한 공부'에 지나지 않을 것이다. 파닉스 학습은 영어 소리에 대한 노출이 선행된 후 시켜도 늦지 않다. 혹시 파닉스를 먼저 시작했다면, 너무 오랜 시간 파닉스 학습에만 투자하기보다 듣기에 더 많은 시간이 투자되도록 하는 것이 좋다.

문자 습득을 위해 내가 활용한 방법은 영어 알파벳이나 파닉스 음가를 외우기보다 스토리가 있는 파닉스와 사이트 워드(Sight word)를 통한 즐거운 문자 익히기를 시도해 보는 것이었다. 영어 듣기를 영어동화 읽어주기와 놀이로 즐겁게 습득했던 것처럼 영어 읽기도 문자 자체에 집중해 가르치는 것보다 '영어책 읽기의 재미'를 알게 해 주는 게 중요하다는 생각이 들었다.

먼저 쉽고 재미있는 파닉스 습득을 위해, 나는 파닉스 학습서가 아닌 '책'을 선택하였다. 내가 선택한 책은 손바닥 크기의 《세상에서 제일 쉬운 파닉스 스토리북 (Sound-starter)》이라는 파닉스 스토리북이었다. 알파벳 순서대로 한 권에 알파벳 하나의 음가를 스토리와 그림으로 익힐 수 있도록 되어있었는데, 모든 본문이 노래로 구성되어 있어서 영어동요와 챈트에 익숙한 아이들에게 파닉스를 습득하기에 아주 적당한 책이었다.

처음에는 손바닥 크기의 책 30권에 십만 원이 훌쩍 넘는 비용 때문에 좀 망설여졌다. 하지만 가성비는 책의 크기와 분량이 아니라 아이가 얼마나 재미있게 즐기며 읽을 수 있는지에 달려있다는 생각에 과감히 이 책을 아이의 파닉스 습득용 책으로 선택하였다.

이 책은 *a~z*까지의 알파벳과 '*ch, sh, th*'를 포함 29가지의 음가를 책에 나온 그림과 노래로 습득할 수 있게 구성되어 있다. 다른 파닉스 책에 비해 습득할 수 있는 음가 숫자가 적다고 느낄 수도 있다. 하지만 어렸을 때부터 영어 소리에 노출되어 있었고, 앞으로 사이트 워드북이나 리더스북 읽기를 통해 꾸준히 소리와 문자를 접해 갈 것이기에 파닉스는 이 정도로 가볍게 짚고 넘어가기로 했다.

파닉스를 익히는데 스토리와 그림이 있으니 아이들은 공부라는 생각을 하지 않았다. 그냥 그림책처럼 반복해서 보며 노래를 부르다 보니 음가를 굳이 외우지 않아도 쉽게 습득 할 수 있었다. 크기도 손바닥만 해서 아이들이 차에 탈 때마다 몇 권씩 가지고 다니며 그림책처럼 보고 동요처럼 들을 수 있도록 하였다.

이 책은 분량이 아주 짧다. 권당 10페이지도 되지 않아 하루에 10권 이상을 읽는 것도 가능했지만 하루에 3~4권 이상을 읽지는 않았다. 파닉스 스토리북은 일반 스토리북이 아니라 소리와 문자를 인지하고 학습이 되어야 한다. 따라서 하루에 너무 많은 문자를 시도하는 것은 학습 효과가 없을뿐더러 스트레스가 될 수도 있을 것 같았다. 아무리 좋은 것도 아이들에게 '재미'를 빼앗아 버리면 학습 효과도 0이 되어 버리기 때문이다. 대신에 파닉스 스토리북과 함께 〈*Between the Lions*〉라는 파닉스 영상물을 함께 활용했다.

 ① 《세상에서 제일 쉬운 파닉스 스토리북》 제1권 《ants on the apple》 책(글) 보러 가기: **문자 익히기 (영어V한글)**

 ② 《세상에서 제일 쉬운 파닉스 스토리북》 제2권 《Busy Baby》 책(글) 보러 가기: **파닉스 스토리북, 파닉스 교재 초등 저학년, 유아 영어 따라가 보기**

〈*Between the Lions*〉는 미국 *PBS*에서 인기리에 방영되었던 교육용 프로그램으로 읽기를 시작하는 아이들에게 유용한 영상물이다. 애니메이션뿐만 아니라 인형극, 스토리, 챈트, 노래로 구성되어 있어 파닉스 교육뿐만 아니라 영어교육용 프로그램으로 활용하기에도 좋았다. 7살 라이오넬 라이언(*Lionel Lion*)과 4살 레오나 라이언(*Leona Lion*) 두 사자 남매가 주인공으로, 문자를 익힐 수 있는 여러 가지 코너가 진행되었다. 특히 우리 아이들은 '*Adventure of Cliff Hanger*'(클리프 행어의 모험)라는 코너를 재미있게 봤다. 절벽에 매달린 클리프 행어가 상황을 벗어나려 노력하지만, 매번 벗어나지 못하는 이야기로 아이들의 시선을 사로잡기에 충분했다.

〈*Between the Lions*〉는 파닉스 습득뿐 아니라 영어 듣기와 말하기에도 유용했다. 하지만 아이들 대상의 다른 영상물에 비해 대화 속도가 약간 빠르다. 따라서 아이와 함께 시청하기 전에 엄마가 먼저 시청하고 내용을 알아두면 더욱 효율적으로 활용할 수 있을 것이다.

좀 더 쉬운 파닉스 영상물이 필요하다면 〈*Word World*〉도 활용하기에 유용하다. 〈*Between the Lions*〉가 인형극, 스토리, 챈트, 노래도 함께 구성된 데 비해, 〈*Word World*〉는 동물 주인공으로 구성된 애니메이션이다. 미국 *PBS*에서 영어교육용으로 제작하였으며 처음부터 끝까지 알파벳과 단어가 화면 가득 날아다니지만, 공부라는 생각 없이 즐겁게 시청할 수 있다. '에미상'(*Emmy Award*)과 '페어런츠 초이스 어워드'(*Parents' Choice Award*)를 수상할 정도로 작품성도 뛰어나므로 유아부터 초등학교 저학년까지 파닉스 학습용 교재로 유용하게 활용할 수 있을 것이다.

이 밖에도 〈*Leap Frog*〉(립프로그), 〈*Super WHY*〉(슈퍼와이) 등도 즐겁게 파닉스를 학습할 수 있는 영상물이다. 다양한 파닉스 영상물 중 아이의 성향에 맞는 영상물을 선택해 활용해 보도록 하자. 다만 파닉스 영상물 시청 역시 아이들이 장시간 영상물에 방치되지 않도록 부모의 관심과 배려가 함께하여야 할 것이다.

대부분의 파닉스 학습용 영상물은 유튜브를 통해 시청이 가능하다. 자막과 대본이 필요하거나 음가나 스토리별로 정리하여 보여주고 싶다면 *DVD*를 구입해 활용해보고, 비용이 부담스럽거나 대본이 필요 없다면 유튜브를 활용해 보는 것도 좋다.

파닉스 영상물과 책으로 각 문자에 대한 음가를 정리한 후에는 '키즈클럽'(*www.kizclub.com*)과 같은 인터넷 사이트에서 플래시 카드나 색칠 자료 등을 출력해 함께 활용해 보자. 아이들에게 문자학습의 흥미를 더 느끼게 할 수 있을 것이다.

아이들을 학원에 보내면 많이 접하게 되는 교재가 파닉스이다. 그런데 몇 년 동안을 파닉스에만 초점을 두고 학습시키는 경우를 더러 보았다. 왜 파닉스를 습득해야 하는지에 대한 고민 없이 '처음 영어는 파닉스부터'라는 공식이 우리나라 교육에 너무 만연해 있는 건 아닐까?

잘못된 파닉스 문자 교육은 자칫 우리 세대의 잘못된 문법교육과 비슷해질 수 있다. 파닉스를 어떻게 습득시켜야 할지 고민이라면, 충분한 소리 노출이 선행되어야 한다는 사실을 꼭 기억했으면 좋겠다. 효과적인 영어교육은 '파닉스 학습 후 영어 듣기'의 순서가 아닌 '영어 듣기 후 파닉스 학습'이 되어야만 가능하기 때문이다.

또한, 문자 습득을 위해 학습으로 외우는 파닉스보다는 흥미를 유지할 수 있는 책과 영상매체를 잘 활용해 보자. 영어 듣기를 영어동화와 영어놀이로 즐겁게 습득했던 것처럼 영어 읽기도 문자 하나하나를 가르치는 것보다 영어책 읽기의 재미를 알게 해 주는 게 중요하다. 파닉스 학습은 문자만을 습득하기 위한 과정이 아니라 소리와 문자를 결합하여 즐거운 책 읽기를 위한 기초 단계가 되어야 할 것이다.

▶️ **파닉스 교재, DVD 영상 자료, 다운로드 사이트 자료 총정리**

아이들의 파닉스를 시작할 때 활용하기 좋은 교재, DVD 영상, 유용한 자료 사이트를 상세하게 정리한 영상입니다.

 파닉스 교재 추천 / 초등영어 / 유아영어

사이트 워드 습득하기

아이들의 영어 진행에서 문자 학습의 최종 목표는 '스스로 책 읽기' 즉 '읽기 독립'이었다. 내가 읽어 줄 수 있는 책은 한계가 있었고, 성장에 따른 사고력 확장을 위해서는 한글책 읽기와 영어책 읽기의 독립이 필요했기 때문이다. 한글책 읽기 독립은 초등학교에서 공교육을 통해 가능해질 수 있지만, 영어책 읽기 독립을 위해서는 또 다른 노력이 필요했다. 그런 면에서 가장 노력을 기울였던 부분이 '사이트 워드(*sight word*) 습득'과 '쉬운 리더스북 읽기'였다.

주변 지인들에게 사이트 워드 학습에 관해 이야기하면 "사이트 워드가 뭐예요?"라고 묻는 경우가 많다. 사이트 워드란 뭘까? 어린아이들에게 한글을 가르칠 때 자음, 모음을 따로 가르치지 않고 통 글자로 한글을 습득시키는 경우가 있는데, 영어의 사이트 워드 학습은 이처럼 통 글자 읽기로 문자를 습득시키는 방법이다.

사이트 워드란 문장 가운데 자주 많이 사용되는 단어로, 복잡한 파닉스 규칙을 알지 못해도 통으로 외워서 읽을 수 있는 빈출 빈도가 높은 단어를 말한다. 어려서부터 영어를 했음에도 영어책 읽기 독립이 안 된 아이들 상당수가 사이트 워드 습득과 쉬운 리더스북 읽기가 제대로 터를 잡지 못한 경우가 많다.

이미 많은 영어 소리에 노출되어 있고 사이트 워드 습득과 쉬운 리더스북 읽기가 탄탄하게 자리 잡게 되면 읽기 단계가 올라갈수록 엄마의 노력이나 간섭은 현저히 줄어들게 된다. 단계에 맞춰 책만 적절하게 골라주면 아이 혼자서 척척 해나가게 되는데, 이는 어려서부터 한글책을 많이 읽은 아이들의 책 레벨이 올라가는 것과 비슷하다고 볼 수 있다.

내가 선택한 첫 사이트 워드 교재는 역시 '책'이었다. 몇몇 학자들이 사이트 워드 리스트를 만들어 놓기도 했고, 인터넷 사이트를 통해 리스트를 찾아볼 수도 있다. 하지만 이렇게 인위적으로 사이트 워드 리스트를 찾아 아이에게 외우게 하는 건 내가 원하는 교육 방식이 아니었다.

아이가 파닉스 그림책에 재미를 붙여 영어 문자에 조금씩 익숙해질 무렵 영어서점에 직접 방문해 아이 눈높이에 맞는 사이트 워드북(*sight words book*)을 찾아봤다. 이런 책은 온라인 서점에도 많이 나와 있지만, 이제 막 문자를 익히기 시작하는 아이를 위해 책을 직접 보며 신중하게 선택하고 싶었다. 그리고 아이의 첫 교재로 스콜라스틱(*SCHOLASTIC*) 출판사의 《*High-Frequency Readers*》를 선택하였다. 전혀 상관없는 단어들을 학습하듯 외우기보다는, 그림과 챈트 그리고 스토리가 있는 사이트 워드북을 교재로 선택한 것이었다.

구입한 사이트 워드북으로 1단계부터 천천히 읽기 연습을 시도하였다. 1단계부터 18단계까지 구분되어 있지만 여기서 습득하는 사이트 워드는 *do, I, see, like, we, to, we, what, you, a, it* 정도를 벗어나지 않았다. 여기에 사이트 워드는 아니지만, 추가로 배울 수 있는 단어로 *bat, can, cat, fun, hat, hen, man, mop, pan, pig, pat, rat, tap* 등을 제시하고 있다. 단어를 구성하는 알파벳의 개수도 2~3개를 넘지 않았다.

이 책은 글자를 처음 접하는 5~6세의 유아들을 대상으로 하는 책이다. 성인이 학습을 통해 단어를 외운다면 짧은 시간 안에 외울 수 있는 너무 쉬운 단어라고 할 수 있을 것이다. 하지만 사이트 워드를 습득하는 아이들은 책 읽기를 시작하는 아이들이고 이 문자를 인위적으로 외우는 게 아니라 이미지로 머릿속에 기억하게 만들어야 하므로 이렇게 쉽고 간단한 사이트 워드를 책을 통해 습득시키는 것이다.

신기하게도 아이들은 이전에 읽었던 영어동화 못지않게 이 책을 좋아했다. 아주 간단한 문장으로 이루어졌지만 나름 스토리를 가지고 있어 문자 익히는 책이라는 느낌보다는 짧은 영어책처럼 생각하는 것 같았다. 혼자서 중얼중얼 읽거나 잠자리에서 베드타임용으로 보기도 했다. 이렇게 18권의 사이트 워드북을 읽은 후 아이들은 바로 책을 줄줄 읽었을까?

당연히 그렇지 못했다. 18권의 사이트 워드북을 통해 기본적인 것을 익히긴 했지만, 아직 습득해야 할 것이 많았다. 바로 쉬운 리더스북 단계로 넘어갈 수도 있겠지만, 나는 송순호 박사의 《리딩타운 플래시 카드》를 활용하기로 했다. 단어를 무작정 외우는 것이 아니라 플래시 카드로 사이트 워드를 연습하고 카드 뒷면의 문장 읽기 연습을 통해 좀 더 반복시켰는데, 아이들에게 학습이라는 인상을 주지 않도록 다양한 게임의 형식을 활용했다.

특히 플래시 카드를 포켓 차트에 넣어서 문장을 만드는 게임은 사이트 워드를 활용해 다양한 문장을 만들 수 있었다. 하지만 영어에 익숙하지 않은 아이들에게 단어 습득을 위해 무리하게 플래시 카드를 활용하는 것은 영어에 대한 거부감을 가지게 할 수도 있다. 플래시 카드로 문장을 만들거나 문장 읽기 연습을 시키는 것은 아이가 영어를 받아들일 충분한 준비가 되었을 때 시도해보는 것이 좋다.

또한 다양한 인터넷에서 단어를 출력해 직접 플래시 카드를 만들어 활용하기도 했다. 플래시 카드는 한번 만들어 놓으면 사이트 워드 학습뿐 아니라 단어 인지 게임에도 활용하기 좋으니 한 번쯤 활용해 볼 만하다. 플래시 카드 자료는 '키즈클럽'(*www.kizclub.com*) 등에서 구할 수 있다.

나의 경우 사이트 워드 읽기는 매일 저녁 영어 동화책과 한글 동화책을 읽기 전후에 잠깐씩 활용하거나 주말에 시간적 여유가 있을 때 활용하였다. 하루에 많은 양을 하는 것보다 매일 조금씩이라도 꾸준히 하다 보면 아이들이 스스로 글을 읽게 되는 날이 온다. 유튜브에도 사이트 워드 자료가 많이 올라와 있으니 아이의 성향에 따라 활용해 보는 것이 좋다. 다만, 사이트 워드를 습득시킬 목적으로 단어만 계속 반복하는 영상도 있으니 엄마가 먼저 살펴보고 재미가 없다면 과감히 다른 영상을 찾아보는 게 좋다.

영어 소리 듣기뿐 아니라 사이트 워드 노출도 '매일 꾸준히' 하다 보면 분명 아웃풋이 나오게 된다. 아이에게 영어를 배우는 재미를 빼앗지 않는 범위 내에서 매일 함께 할 수 있는 방법으로 아이와 함께 즐겨보자. 포기하지 않고 꾸준히 한다면 분명 아이 혼자 책 읽기를 즐기는 날이 오게 된다.

스콜라스틱(SCHOLASTIC) 출판사의 《High-Frequency Readers》책(글)
보러 가기: Sight words book

▶ 사이트워드 교재와 다운로드 사이트 총정리

사이트 워드 관련 활용하기 좋은 교재와 무료 자료 다운로드 사이트 그리고 유튜브
영상 자료를 정리한 영상입니다.

 사이트워드 교재와 다운로드 사이트 총정리

◈ 엄마표 영어 터 잡기

step 4. 엄마, 이제 혼자 할게요

쉬운 리더스북 읽기 : 아이가 책을 읽어요

사이트 워드가 어느 정도 익숙해지면서 아이들은 스스로 책을 읽고 싶어 했다. 이제 쉬운 리더스북 읽기 단계로 넘어갈 시기가 된 것이다. 이 단계는 스토리가 있는 짧은 문장의 쉬운 리더스북을 혼자 읽는 단계이다.

아이들이 영어동화에 익숙하고 듣기 말하기가 된다고 해도 쉬운 리더스북 읽기를 너무 급하게 건너뛰게 되면 높은 단계의 영어책 읽기에 제동이 걸리게 된다. 특히 쉬운 리더스북 읽기를 할 때 부모들이 하기 쉬운 실수 중 하나가 글밥이 얼마 되지 않은 책(리더스북)을 비싼 비용 들여 구입하고 싶지 않아 하는 것이다.

영어동화도 많이 읽었고 사이트 워드도 많이 습득했으니 쉬운 리더스북 읽기를 얼른 마치고 본격 리더스북 읽기로 진행하고 싶겠지만, 기초가 탄탄하지 않으면 절대 높은 단계 책 읽기를 진행을 할 수 없으므로, 리더스북 읽기 단계에서 좀 더 적극적으로 아이들이 읽을 책을 찾아 읽기를 진행함으로써 영어책 읽기의 기초를 탄탄히 하여야 한다.

첫 리더스북 어떻게 읽어야 할까?

아이들이 리더스북 읽기에 들어가면서부터는 소리를 듣고 혼자서 책을 읽는 '집중듣기'라는 것을 진행하였다. 집중듣기는 오디오 소리에 맞춰 책의 글자를 손가락으로 짚어 가며 읽는 것이다. 아이가 영어에 충분히 노출되어 있고 파닉스와 사이트 워드를 통해 문자에 익숙해져 있다면, 쉬운 리더스북 집중듣기는 그리 어렵지 않게 진행할 수 있을 것이다.

하지만 이전에 영어 노출이 적고 파닉스 스토리북이나 사이트 워드 읽기가 충분히 되지 않은 아이들이라면 아무리 느린 속도로 읽어주는 책이라도 처음 보는 단어와 영어 소리를 맞춰가며 따라 읽기가 쉽지만은 않다. 이전에 영어 노출이 적은 상태에서 시작하는 집중 듣기라면 처음 얼마간은 엄마가 아이 옆에서 같이 집중듣기를 진행해 주는 것이 좋다. 그렇지 않으면 눈으로만 대충 글자를 따라가다 소리를 놓쳐 버릴 수가 있다. 이렇게 되면 리더스북 읽기의 효과를 볼 수 없을뿐더러 다음 단계 진행에도 문제가 될 수 있다.

흘려듣기, 집중듣기, 혼자 읽기는 아이의 리딩을 끌어갈 수 있는 중요한 읽기 방법이므로 절대 소홀히 하지 말고 습관이 잡힐 때까지는 엄마가 옆에서 함께 하며 단단한 터 잡기를 할 수 있도록 도와주어야 한다. 물론 어려서부터 영어에 익숙한 경우라면 엄마가 조금만 도와줘도 금세 집중듣기에 안착할 수 있다.

쉬운 리더스북은 한 페이지에 짧은 문장 1~3개로 구성된 10~20페이지 분량의 책으로, 읽는 데 시간이 오래 걸리지 않는 책이 좋다. 보통 영어책을 구입할 때 책 표지에 레벨 표시가 되어 있으니 'My first', 'Pre-reader', 'Level 1' 등으로 표시된 책을 고르면 될 것이다. 하지만 'Level 1'으로 표기된 경우 보통 미국 초등학교 1학년 수준의 읽기 책을 의미하므로 아주 쉬운 리더스북보다 조금 어려울 수 있다. 따라서 'Level 1'으로 분류된 책은 책을 구입하기 전 내용을 확인해 보는 게 좋다.

어떤 리더스북을 선택해야 할까요?

이 시기에 활용할 수 있는 리더스북은 종류가 아주 다양하다. 그중 우리 아이들이 좋아했던 몇 가지를 소개하자면 《런투리드》(Learn to read)시리즈, 《옥스포드 리딩트리》(Oxford Reading Tree, ORT)시리즈 Stage 1~4, 《아이캔리드》(I can read)시리즈 My first 단계, 《헬로리더》(HELLO READER)시리즈 Level 1, 《스텝인투리딩》(STEP into READING)시리즈 Level 1, 《스콜라스틱 리더》(SCHOLASTIC READER) 시리즈 Level 1 등이 있었다.

(책 마지막 부분에 쉬운 리더스북 목록과 대표적인 리더스북 목록을 부록으로 정리해 두었으니, 참고하면 좋다.)

특히 《아이캔리드》(I can read) 시리즈의 My first 단계인 《Biscuit》 시리즈는 우리 집에서 '읽기' 대박이 난 책이었다. 사이트 워드 중심의 단어와 쉬운 문장 패턴이 반복되며 주인공 강아지 'Biscuit'과 아이의 우정을 주제로 한 스토리를 아이들은 참 좋아했다. 친숙한 그림과 쉬운 문장으로 리더스북 읽기의 취미를 붙일 수 있게 해주었고 잠자리에서 베드타임 스토리로도 많이 활용했었다.

아이들은 성향에 따라 좋아하는 리더스북이 분명히 갈린다. 우리 아이들은 《아이캔리드》(*I can read*) 시리즈에 비해 《옥스포드 리딩트리》(*Oxford Reading Tree, ORT*) 시리즈에는 별로 관심을 보이지 않았었다. 하지만 《옥스포드 리딩트리》(*Oxford Reading Tree, ORT*) 시리즈 하나로만 '읽기' 대박이 나는 아이들도 많다. 따라서 처음부터 리더스북 시리즈를 전부 구입하기보다 몇 권씩 구입해 반응을 보며 추가 구입하는 것이 좋다.

또한 유명 리더스북의 경우 홈쇼핑 등에서 기획 판매나 공구로 진행되는 경우가 많은데, 아직 읽을 시기가 되지 않은 리더스북이나 챕터북들을 미리 사서 쟁여 두는 것은 신중히 생각해 보는 것이 좋다.

물론 앞으로 읽게 될 책들이긴 하지만 미리 사둔 책 중에 아이의 성향에 따라 전혀 읽지 않는 책이 생기는 경우도 종종 있으므로, 쟁여두고 싶다면 아이가 현재 읽고 있는 레벨보다 한 단계 정도 앞선 책으로 한정하는 것이 좋을 것이다. 미리 유튜브 등으로 책의 내용을 알아보고 구입하는 것도 활용도를 높이는 방법이다. 또한 리더스북 집중듣기는 오디오 소리가 필수이기 때문에 가능하면 오디오가 함께 있는 리더스북을 선택하는 것이 좋다.

쉬운 리더스북 읽기는 하루에 얼마나 읽어야 할까?

리더스북 읽기의 양은 아이의 영어 노출 정도와 나이에 따라 달라질 수 있다.

어려서부터 영어를 꾸준히 진행해 온 5~6세 정도라면 하루에 5권 내외의 쉬운 리더스북 읽기가 적당할 것 같다. 아이가 아직 어리기 때문에 하루에 너무 많은 리더스북을 읽기보다 엄마와 영어동화 읽기, 영상물 보기, 한글책 읽기를 병행하는 게 좋다.

하지만 처음 집중듣기를 시작하는 아이라면 하루에 쉬운 리더스북 1~2권 읽기로 시작하는 것을 권한다. 아이의 적응속도에 따라 한주에 한 권 정도 늘려 한 달 후에는 하루에 3~4권 정도 읽는 것이 좋을 것이다. 물론 아이가 적응이 빨라 더 읽고 싶어 한다면 더 늘려줘도 좋다. 하지만 부모의 욕심 때문에 무리하게 읽기를 늘리는 것은 금물이다. 또한 초등학교 입학 후 처음 영어를 시작한다면 영어 영상물이나 오디오 소리 듣기를 통한 흘려듣기에 더 많은 시간을 투자해야 한다. 듣기 없는 읽기는 모래성과 같아서 결국에는 무너질 수밖에 없기 때문이다.

리더스북 집중듣기 할 때 주의사항

아이들이 읽게 될 리더스북은 엄마가 내용을 알고 있어야 첫 집중듣기에서 만나게 될 아이의 질문에 대처할 수 있으니 엄마가 먼저 읽어 보는 게 좋다. 리더스북 단계를 지나 챕터북 단계의 책들은 부모가 읽고 지도해 주기 힘든 책들이 많다. 그리고 챕터북 레벨이 되면 아이 혼자 해결할 수 있는 내공이 생기기 때문에 엄마는 인터넷 검색으로 책의 내용 정도만 알고 있어도 충분하다. 하지만 리더스북 읽기 단계는 아직 부모의 관심이 좀 더 필요한 시기이다.

그리고 집중듣기 할 리더스북은 아이가 놀 때 흘려듣기로 먼저 들려준 후 집중듣기에 들어가는 것이 좋다. 아이가 책에 흥미를 느끼게 할 수도 있고 듣기 실력 향상에도 효과적이기 때문이다. 하지만 이 단계의 리더스북은 단순한 단어와 문장이 반복되어 가끔 아이들이 글자를 읽는 게 아니라 문장을 외워서 말하는 경우가 있다. 이를 책 읽기를 잘하는 것으로 착각하여 리딩 레벨을 무작정 올리게 되면 책 읽기의 거품이 생기게 되므로 정확한 읽기 레벨을 파악한 읽기 진행이 중요하다.

쉬운 리더스북 읽기는 아이들이 책 읽기를 시작하는 첫 단계로 매일 정해진 시간에 꾸준히 읽는 것이 중요하다. 하지만 혼자서 책을 읽기까지는 다소 시간이 걸릴 수도 있다. 따라서 이 시기는 아이 스스로 천천히 다지며 진행할 수 있도록 부모가 조급해하지 말고 기다려 주는 현명함이 필요하다.

 ① 아이캔리드 My first 단계 《Biscuit》 책(글) 보러 가기
쉬운 리더스 읽기 《Biscuit Finds a Friend》 : 언아이캔리드 My first 단계

 ② 스콜라스틱리더(헬로리더) 1단계 책(글) 보러 가기
《I Am Lost》(길을 잃었어요) : 헬로리더 1단계, 강아지를 주인공으로 하는 영어 원서

▶ **엄마표 영어 왕초보를 위한 영상**

엄마표를 어렵게 생각하시는 분들을 위해, 엄마표 영어 용어정리와 쉽게 하실 수 있는 실천 방법을 정리한 영상입니다. 처음 시작은 이렇게 하시고 습관이 잡히면 아이의 성향에 맞춰 진행해 보세요.

 7~10세 아이 엄마표 영어 처음 시작하는 왕초보만 보세요

본격 리더스북 읽기 : 리더스북의 재미를 알아가요

파닉스, 사이트 워드, 쉬운 리더스북을 읽으며 영어책 읽기의 기본을 탄탄히 다졌다면 이제는 '본격 리더스북 읽기'를 통해 조금 긴 스토리의 책으로 읽기의 재미를 알아 갈 단계이다.

쉬운 리더스북에서 본격 리더스북으로 넘어가야 할 시기는 어떻게 알 수 있을까? 아이가 쉬운 리더스북의 오디오 소리를 따라 문장을 정확하게 짚으며 읽을 수 있고, 소리 없이 혼자서 책을 읽고 싶어 하며, 내용을 물어봤을 때 대부분 파악하고 있다면, 본격 리더스북 읽기로 넘어갈 수 있게 된 것이다. 하지만 쉬운 리더스북을 혼자 읽을 때 한 페이지에 모르는 단어가 1~2개 이상이라면, 본격 리더스북으로 집중듣기를 하면서 쉬운 리더스북으로 혼자 읽기를 병행하며 진행하여야 한다.

쉬운 리더스북 읽기가 자리 잡지 못하면 높은 레벨의 책 읽기로 올라갈 수 없기에 다양하고 탄탄한 리더스북 읽기는 아이의 책 읽기 독립에서 가장 중요한 부분을 차지한다. 리더스북은 짧은 읽기 연습용 책이지만, 아이들은 책의 내용을 재미있다고 느끼면 한번 읽었던 책을 다시 반복 읽기 하는 경우가 많다. 하지만 반복을 싫어하는 아이라면 몇 가지 책을 단순 반복적으로 읽히기보다 다양한 종류의 리더스북을 읽게 해주고 그중에서 아이의 성향에 맞는 것을 찾는 게 좋다.

이때 다양한 리더스북을 구하는 비용이 부담스럽다면 공공 도서관의 대여 서비스나 영어책 대여 사이트를 활용하는 것도 방법이 될 수 있다. 가까운 도서관에 책이 없다면 조금 멀리 있는 도서관에 가서 책을 빌려야 하는 번거로움이 있겠지만, 아이의 영어책 읽기터 잡기를 위해서라면 기쁜 마음으로 함께 해보자.

쉬운 리더스북과 본격 리더스북은 어떻게 다를까?

한 페이지에 짧은 문장 1~2줄, 총 페이지가 20페이지 미만이었던 쉬운 리더스북과 달리 본격 리더스북은 한 페이지의 문장이 10줄까지 늘어나고 책의 분량도 60페이지까지 늘어난다. 같은 리더스북이지만 왜 쉬운 리더스북을 충분히 읽고 본격 리더스북으로 진행해야 하는지 알 수 있을 것이다. 하지만 본격 리더스북은 몇 가지 상황별로 스토리를 나누어 구성하고 있기에 쉬운 리더스북을 충분히 읽었다면 60페이지가 넘더라도 아이들이 아주 힘들어하지 않고 읽어 낼 수 있다.

리더스북을 고를 때 쉬운 리더스북과 본격 리더스북을 구분하는 게 어렵다면, 책 표지의 레벨 표시를 활용하는 게 좋다. *My first, Pre-reader*로 표시되는 쉬운 리더스북과 달리 본격 리더스북은 *Level 1, Level 2*와 같이 레벨을 표시하고 있으며 보통은 *Level 1~4*까지 분류되어 있다. 참고로 책 표지에 표시된 레벨은 미국 초등학교 아이들의 나이 및 학년 레벨을 반영한 것이기에 우리나라 아이들의 읽기 레벨과 구분하여야 하는데, 예를 들어 *Level 1*은 미국 초등학교 1학년 수준의 읽기 책으로 이해하면 된다.

본격 리더스북 어떻게 읽힐 것인가?

1. 집중듣기 할 책은 미리 흘려듣기 해 본다

이 시기의 책 읽기 주체는 이제 '아이'이다. 엄마는 책을 골라주고 아이 혼자 읽을 수 있도록 습관을 형성해 주는 것을 목표로 하여야 한다. 집중듣기 할 책은 미리 흘려듣기를 통해 아이의 반응을 살펴보며 아이에게 책의 소리를 익숙하게 해준다. 하지만 아이에 따라 아직 영어 노출이 충분하지 않다면 아무 반응도 보이지 않을 수 있다. 그렇다고 해도 실망할 필요는 없다. 꾸준한 영어 노출로 아이의 책 읽기와 듣기 수준이 올라가면 재미있게 들은 소리는 책으로 읽고 싶다고 말하는 날이 반드시 오게 될 것이다.

2. 집중듣기는 시간을 정해서 하면 더 효과적이다

아이들의 집중듣기 시간을 정해 놓고 가능하면 같은 시간에 집중듣기를 하도록 해보자. 이는 영어책 읽기 습관 형성과 책 읽는 시간 확보에 아주 좋은 방법이다. 예를 들어 엄마가 퇴근 후 저녁 준비하는 시간을 아이의 집중듣기 시간으로 정해 놓았다면, 매일 이 시간은 오디오 소리를 들으며 집중듣기를 하도록 하는 것이다. 하지만 아이가 혼자서 집중듣기를 힘들어한다면 집중듣기 시간을 변경해서 엄마가 옆에 있어 주는 것이 좋다. 60페이지짜리 《아이캔리드》(I can read) 1단계 책 1권을 집중듣기 하는 데 걸리는 시간은 보통 20분 내외이다. 문장을 못 따라간다고 야단치지 말고 아이 옆에서 같이 책을 보고 책장을 넘겨줘 보자. 시간이 지나면 아이 혼자 집중듣기가 가능해지므로 아이가 집중듣기에 안착할 때까지는 엄마가 좀 더 함께해주는 게 좋다.

처음은 하루에 본격 리더스북 1권 집중듣기와 쉬운 리더스북 혼자읽기 1~2권 정도를 목표로 시작해 보는 게 좋다. 이후 아이의 반응을 보면서 리더스북의 양을 늘려나가면 된다. 그리고 아이가 아직 초등학교 입학 전이라면 엄마와의 영어 동화책 읽기는 계속하는 게 좋다. 물론 영상 매체 시청과 영어 소리 흘려듣기도 병행해서 꾸준히 진행해야 한다.

우리 아이들의 경우 매일 아침 유치원 등교 전 30분~1시간 동안 리더스북나 챕터북을 읽었었다. 매일 정해진 시간에 리더스북 읽기는 영어책 읽기 습관으로 이어졌고 아이들의 학습 습관에도 좋은 영향을 주었다.

3. 리더스북 읽기 양에 조급해하지 말자

아이가 리더스북 읽기에 재미를 붙이면 하루 1권으로 시작했던 읽기 분량이 하루 10권 이상으로 늘어나기도 한다. 하지만 모든 아이가 똑같지는 않다. 아이의 성향과 영어 노출 정도에 따라 차이가 나기 때문에 혹시 아이가 하루 1권 이상은 절대 읽지 않는다고 해도 조급해하거나 실망할 필요는 없다. 리더스북 읽기 양이 엄마 마음에 들지 않고 불안하다면 차라리 엄마가 영어 동화책 읽어주기로 '양'을 늘려주면 된다.

4. 책 읽기의 재미를 느껴야 한다

이 시기의 진행에서 가장 중요한 것은 아이가 책 읽기의 '재미'를 느껴야 한다는 점이다. 재미를 느끼지 못한 책은 아이들에게 외면받게 되고 엄마의 의지로 끌고 가는 책 읽기는 높은 수준의 책 읽기로 이어지기도 어렵다. 아이의 성향에 맞는 책을 찾아 아이가 책 읽기의 재미를 충분히 느낄 수 있도록 해주는 것이 이 시기에 엄마가 해야 할 일이다. 다행히 요즘은 다양한 리더스북이 국내에 소개되어 있으니, 인터넷 서점이나 영어 전문 서점을 방문해서 리더스북의 '내용'과 '캐릭터'를 꼼꼼히 알아보도록 하자. 아이가 좋아할 만한 책을 찾기 위해 꾸준히 노력한다면, 꼭 맞는 책 찾기에 성공할 수 있을 것이다.

5. 이 시기에 읽을 만한 리더스북

이 시기에 읽을 수 있는 리더스북은 엄마들을 혼란에 빠트릴 정도로 종류가 다양하다. 그중 아래 소개하는 리더스북은 대부분 재미와 내용 면에서 아이와 부모들에게 검증된 것들이며 일부는 미국 교과서에 수록된 작품들도 있다. 앞에서도 언급했지만 한꺼번에 많은 전집을 구입하여 쟁여 두는 것보다 한 권씩 아이의 반응을 보며 구매하는 것이 효율적이며, 이 중에서 아이가 좋아하는 '대박 리더스북'을 찾게 된다면 그 어느 것과도 바꿀 수 없는 훌륭한 영어 친구가 되어 줄 것이다.

▶ **엄마표 영어 초기에 활용하기 좋은 영어 리더스**

엄마표 영어 초기에 활용할 수 있는 재미있는 리더스인 '아이캔리드', '스콜라스틱리더'(헬로리더), '스텝인투리딩' 리더스 시리즈를 1~3단계 난이도별로 총정리한 영상입니다. 영상을 통해 아이들의 수준과 성향에 맞는 책을 찾아 재미있는 책 읽기를 이끌어줘보세요.

①

아이캔리드(I can read)
1~3단계 난이도별 총정리

③

스텝인투리딩(Step into Reading)
1~3단계 난이도별 총정리

②

헬로리더(스콜라스틱리더,
Hello Reader) 1~3단계
난이도별 총정리

④

초등영어 시작하며 꼭 읽어야 할
영어책 추천 BEST 8

※ 다양한 사이트 워드 습득 및 단어 인지를 위해 인터넷에서 단어를 출력해 직접 플래시 카드를 만들어 활용하기도 했다. 다양한 단어와 이미지의 카드를 출력하여 색종이에 붙이고 코팅하여 아이들과 게임 형식으로 활용하였다.

아이들은 엄마가 직접 만들어준 플래시 카드를 더 좋아해서 큰아이는 작은아이와 놀 때면 엄마의 플래시 카드를 많이 사용하기도 했다. 플래시 카드는 한번 만들어 놓으면 사이트 워드 학습뿐 아니라 단어 인지 게임에도 활용하기 좋으니 한 번쯤 활용해 볼 만하다.

챕터북 읽기 : 엄마, 이제 혼자 읽을게요

챕터북은 내용 이해를 위해 그림이 함께 했던 리더스북과 달리, 그림이 거의 없이 전체 이야기를 챕터별(5~10챕터)로 나누어 놓은 짧은 길이의 소설책이라고 할 수 있다. 리더스북과 영어책 읽기의 마지막 단계인 소설책과 중간 단계 역할을 해주는 챕터북은 아이들에게 책 읽기의 진정한 재미를 느끼게 해줄 수 있는 책 읽기 단계이다.

챕터북은 리더스북과 어떻게 다른가요?

리더스북은 깨끗한 화이트칼라 용지에 컬러 색상의 그림과 함께 비교적 큰 활자체로 인쇄되어 있지만, 챕터북은 누런색의 갱지에 그림 없이 작은 활자체로 인쇄되어 있다. 따라서 챕터북은 엄마의 강요나 그저 읽고 싶다는 마음만으로 읽을 수 있는 책이 아니며, 아이가 스토리 내용을 이해하고 스스로 재미를 느껴야 읽을 수 있는 책이다.

챕터북 또한 리딩 레벨에 따라 책에서 사용하는 단어 숫자와 문장 길이를 어느 정도 제한하여 구성하였지만, 이전에 읽었던 리더스북에 비해 탄탄한 스토리와 재미로 아이들을 책 읽기 재미에 빠트리기 충분하다.

이런 챕터북들은 주로 특정 캐릭터나 소재 중심의 시리즈로 발간되는 경우가 많은데, 보통 시리즈별로 10권 이상으로 구성되며, 대표적인 챕터북인 《매직트리하우스》(magic tree house)의 경우 풀세트가 59권이나 된다. 챕터북 읽기 단계에서 엄마가 해야 할 일은 함께 책 읽기를 하기보다 아이들의 성향에 잘 맞는 챕터북을 찾아 주는 것이 중요하다.

흘려듣기, 집중듣기, 혼자읽기로 책 읽기의 재미와 내실을 동시에

챕터북 읽기도 기본적인 읽기 방법은 흘려듣기와 집중듣기, 혼자 책 읽기로 진행하면 된다.

흘려듣기는 다양한 영상물과 아이가 원하는 책의 소리로 진행할 수 있다. 또한 현재 집중듣기 책 외에 좀 더 다양한 종류와 레벨의 책을 미리 흘려듣기 해보는 것도 좋은 방법이다. 챕터북은 스토리가 탄탄하고 재미있어 아이의 성향과 잘 맞는 작품을 찾는다면 아주 좋은 흘려듣기 교재가 될 수 있다. 우리 아이들도 숙제를 하거나 잠자리에 들 때 매직트리하우스 같은 챕터북 소리를 스스로 흘려듣기 하곤 했었다.

집중듣기는 앞에서 설명한 리더스북 읽기와 마찬가지로 오디오 소리를 들으며 글자를 따라 짚으며 읽으면 된다. 책의 길이가 꽤 길어지긴 했지만 재미있는 내용으로 오디오 소리가 빠르지 않은 것부터 시작하면 어렵지 않게 진행할 수 있다. 챕터북 읽기는 자신의 레벨보다 1~2단계 높은 책을 집중듣기 하면서 자신의 레벨보다 1~2단계 낮은 챕터북이나 리더스북 혼자읽기와 병행하여 진행하는 게 좋다.

챕터북은 한 권이 60~100페이지 내외의 분량이고 오디오 소리도 짧게는 40

분~1시간 정도가 소요되므로 하루에 한 권씩 읽는다고 해도 1시간 정도의 영어 진행이 될 수 있는데, 아이들이 책에 재미를 붙이게 되면 하루에 여러 권 읽기도 가능하다. 영어책 읽기 독립은 집중듣기가 아니라 혼자 읽기가 최종 목표인 만큼, 레벨 업을 목표로 하지 말고 재미있는 책 읽기와 쉬운 책 읽기를 통해 탄탄하게 다지는 것을 목표로 하여야 한다.

챕터북 읽기는 어떻게 지도해야 할까? : 효율적인 챕터북 읽기 방법

1. 챕터북 내용 확인이 필요하다면 리딩 전문 사이트나 활동지를 활용한다

요즘 인기 있는 챕터북들은 인터넷 등에서 심화 활동을 위한 자료를 어렵지 않게 구할 수 있다. 필요하다면 전문 사이트나 영어 서점에서 자료를 구해 활용하도록 하고, 부모는 아이가 내용을 알고 있는지 정도만 확인하는 게 좋다. 내용 확인이나 레벨 테스트는 다양한 종류의 챕터북 읽기가 쌓이고 난 뒤에 해도 늦지 않다. 그보다 챕터북 읽기의 최우선 목표를 '재미있게 읽기'에 두고 진행하도록 한다.

아이들은 재미있는 책의 반복 읽기를 좋아한다. 매직트리 하우스 시리즈를 좋아하는 아이라면 수십 번의 집중듣기도 스스로 알아서 하게 된다. 스스로 좋아서 읽는 책의 효과는 내용을 확인하고 단어를 알려주는 것보다 훨씬 뛰어나다. 챕터북 내용 확인이 필요하다면 리딩 전문 사이트나 활동지를 활용하고 여러 번 강조했듯이 책 읽는 재미를 빼앗지는 말아야 한다.

2. 아이가 챕터북 읽기를 힘들어한다면 과감하게 리더스북 읽기로 돌아가라

앞에서도 언급했듯이 아이들의 책 읽기 독립을 위해 '사이트 워드 습득'과 '리더스북 읽기'에 가장 많은 시간과 관심을 기울였었다. 다양하고 충분한 리더스북 읽기가 바탕이 되면 챕터북 읽기는 수월하게 진행된다. 하지만 리더스북이 쉽다고 대충 읽고 넘어가게 되면 챕터북 읽기 단계에서 브레이크가 걸리고 만다. 아이들은 내용이 파악되지 않고 재미가 없으면 아무리 좋은 책도 읽지 않는다.

집중듣기 중인 챕터북의 오디오 소리를 제대로 따라가지 못한다면 과감하게 리더스북 읽기로 돌아가야 한다. 리더스북을 혼자 읽을 때 한 페이지에 모르는 단어가 2~3개 이상이라면 리더스북 집중듣기와 혼자 읽기를 좀 더 진행해야 한다. 이때 아이가 같은 책 반복 읽기를 싫어한다면 다양한 리더스북 읽기를 통해 읽기 기초 공사를 탄탄히 해줘야 한다. 이것이 제대로 되지 않으면 챕터북 내용을 이해할 수 없고 내용을 모르면 재미가 없다. 아이가 챕터북 읽기를 힘들어한다면 과감하게 리더스북 읽기로 돌아가야 하는 이유이다.

3. 챕터북 읽기는 한글책 읽기가 기반이 되어야 한다

리더스북 읽기를 할 때 모르는 단어 없이 잘 읽던 아이들도 100페이지의 챕터북을 읽게 되면 힘들어하는 모습을 종종 보게 된다. 이런 아이 중 상당수는 한글책 읽기의 기반이 부실한 경우가 많다. 탄탄한 한글책 읽기가 잘 안 되어 있는 아이는 단어를 많이 알고 있다 하더라도 사고력을 필요로 하는 긴 분량의 챕터북을 소화해내기 쉽지 않기 때문이다.

이런 경우는 아이의 한글책 읽기를 되돌아보고 한글책 읽기의 기초를 다시 쌓아야 한다. 챕터북 읽기는 영어 레벨을 올리는 교재이기 이전에 영어라는 언어로 쓰인 문학 작품이다. 책을 읽을 수 있는 사고력이 뒷받침되지 않는 챕터북 읽기는 아무리 영어 실력이 뛰어나다 해도 재미를 느끼며 계속해서 이어 나갈 수 없다.

대표적인 챕터북 목록

아래 책들은 우리 아이들이 재미있게 읽었던 챕터북 목록이다. 아이의 성향에 따라 극과 극의 결과를 얻게 될 수도 있다. 구입 전 내용을 확인하고 아이 성향에 맞는 챕터북을 선택한다면 좀 더 효과적인 활용이 될 수 있을 것이다.

▶ 대표적인 챕터북들

아이들이 영어책 읽기를 시작하고 리더스에서 챕터북으로 넘어가며 영어책 읽기에 재미와 자신감을 붙여줬던 대표적인 챕터북에 대한 영상자료입니다.
챕터북의 내용을 엄마가 먼저 알고 있으면 아이가 흠뻑 빠져드는 대박 영어책 찾기가 훨씬 쉬워지며 영어책 읽기 지도에도 큰 도움이 됩니다. 첨부된 영상의 영어 리딩은 저희 아이가 도움을 주었습니다.

① Nate the Great
(네이트 더 그레이트)

② Magic Tree House
(매직트리하우스)

③ 호리드헨리
(Horrid Henry)

④ 아서(Arthur) 시리즈

뉴베리 수상작 및 소설 읽기 : 영어책 읽기 독립

단단한 리더스북과 챕터북 읽기로 혼자서 챕터북을 술술 읽을 수 있다면 이제 뉴베리 수상작품과 소설책 읽기를 시도할 수 있다.

뉴베리 수상작 읽기

뉴베리 수상작들은 미국 아동문학계의 노벨상이라 불릴 만큼 감동적이고 깊이 있는 내용의 작품들이다. 영어책 읽기에서 뉴베리 수상작을 따로 구분하여 읽게 하는 이유는, 챕터북이 재미와 읽기 레벨 향상을 위해 흥미 위주의 판타지나 모험을 주제로 하는 것과 달리, 뉴베리 수상작들은 작품의 소재나 단어의 수준을 인위적으로 조절하지 않고 작가가 전달하고 싶은 메시지와 감동을 담고 있기 때문이다.

뉴베리 수상작품(작가)들에는 뉴베리 메달이 수여 되며, 출판된 뉴베리 수상작품 표지 하단에도 반짝이는 뉴베리 메달 표식이 되어 있어 뉴베리 수상작임을 쉽게 알 수 있다.

뉴베리 수상작들은 그림이 거의 없고 갱지에 작은 활자로 출판된 책들이 많아서 탄탄한 읽기가 되어 있지 않으면 아이들이 선뜻 읽으려고 집어 들지 않는다. 또한 모두 높은 레벨의 책들만 존재하는 것은 아니지만, 쉬운 단어로 쓰였다 하더라고 책을 읽고 사고할 수 있는 폭이 넓어야 소화할 수 있는 내용이 많아 영어책 읽기의 수준이 챕터북 읽기 이상이 되었을 때 시도해보는 게 좋다.

예를 들어 1955년 뉴베리 수상작인 앨리스 댈글리쉬(*Alice Dalgliesh*)의《*The courage of Sarah Noble*》은 18세기 미국의 역사를 배경으로 한다. 개척 초기 이주민과 인디언의 우호적인 인간관계를 긍정적으로 풀어가며 주인공 사라가 두려움을 이겨내고 용기를 가지게 되는 따뜻한 작품이다. 전체 64페이지로 뉴베리 수상작품 중 비교적 읽기 쉬운 작품에 속하지만, 미국 개척 초기 역사에 대한 배경지식이 없거나 인간관계에 대한 관심과 이해 없이는 읽으며 재미를 느끼기 힘들다.

《*The courage of Sarah Noble*》의 리딩 레벨(*AR*)은 3.9 정도이며 아이의 리딩 레벨이 4.5 이상은 되어야 편안하게 감동을 즐기며 읽을 수 있다. 따라서 뉴베리 작품은 엄마의 욕심으로 일찍 시작하는 것 보다 아이의 리딩 레벨을 지켜보며 천천히 읽게 해주는 것이 더 나은 선택일 수 있다.

📝 뉴베리 수상작 책(글) 보러 가기
The Courage of Sarah Noble(사라는 숲이 두렵지 않아요): 영어 리딩 레벨 AR 3~4점대, 미국 개척 초기 이주민과 인디언의 관계를 그린 뉴베리 수상 원서

영어 소설책 읽기

챕터북 읽기 단계가 리더스북과 소설책 읽기의 중간 역할을 해주었다면, 소설책 읽기 단계는 아이가 읽고 싶은 책을 마음껏 골라 읽을 수 있는 시기가 되었음을 의미한다. 소설책은《*Harry potter and the deathly Hallows*》의 경

우처럼 760페이지나 되는 엄청난 분량의 책도 있고, 로알드 달의 《*George's Marvelous Medicine*》처럼 100페이지 정도의 책들도 있다.

소설책 읽기는 두꺼운 책보다 짧은 책이 더 쉽다거나 짧은 책을 먼저 읽고 두꺼운 책을 나중에 읽어야 하는 것은 아니다. 아이의 성향에 따라 《해리포터》처럼 두꺼운 책이라도 아이가 원한다면 먼저 읽게 할 수도 있고, 감동적이고 무거운 책을 싫어하는 아이라면 얇은 소설책이라도 좀 더 나중에 읽게 할 수도 있다.

소설책과 뉴베리 책들을 마음껏 찾아 읽을 수 있는 이 시기가 되면 엄마는 아이의 성향에 맞는 소설책과 뉴베리 책을 찾아 주어야 하는데, 아이의 영어 레벨이 너무 높아져 엄마가 아이 성향에 맞는 책을 찾아 주기가 쉽지 않다. 그렇다면 이 단계에서는 어떻게 아이의 리딩을 이끌어 주어야 할까?

1. 흘려듣기로 아이의 성향을 확인한다

이 시기에 효과적인 책 고르기를 위해 내가 활용한 방법은 흘려듣기였다. 아이가 놀고 있거나 함께 차를 타고 놀러 갈 때 아이 수준에 적당한 뉴베리 작품이나 소설책의 소리를 미리 준비해 들려주었다. 예를 들어 《*The courage of Sarah Noble*》을 선택했다면 먼저 인터넷 서점이나 영어 오디오북 사이트 오더블닷컴(*audible.come*)에서 소리를 구입했다. 그리고 미리 준비한 소리를 아이가 놀거나 자동차로 이동할 때 들려주며 아이의 반응을 확인하였다. 아이는 놀다가도 소리에 귀를 기울이고 내용이 재미있다 싶으면 "엄마, 나 그 책 읽고 싶어요."하며 바로 반응을 보이곤 했다.

이때 아이 레벨에 맞는 뉴베리 작품과 소설책 소리를 구하려면 영어 전문 서점에서 제공하고 있는 레벨을 확인하거나, *AR* 지수나 렉사일 지수를 활용하면 된다. 또는 그게 복잡하다면 영어 전문 서점에서 제공하는 레벨을 활용하는 것도 간편하고 편리한 방법이 될 수 있다.

2. 영어책 읽기 전문 사이트를 활용한다

아이의 영어 레벨이 높아지고 뉴베리 작품과 소설을 읽는 시기가 되면서 아이의 영어 실력은 내 수준을 넘어서게 되었다. 그래서 아이의 리딩을 혼자 관리하기보다 리딩 전문 사이트의 읽기 프로그램을 활용하기로 하였다. 그때 활용했던 '리딩ㅇㅇ'은 회원 가입을 하고 레벨 테스트 후 유료 결제를 하게 되면 아이의 레벨에 맞는 리딩을 진행할 수 있도록 도와주는 프로그램 방식이었다. 레벨에 맞는 다양한 분야의 책을 제시해주고 책을 읽고 관련 활동을 하는 방식으로 구성되었는데, 높은 레벨의 다양한 책 읽기에 상당히 효과가 있었다.

하지만 이 사이트를 오래 활용하지는 않았다. 몇 달 동안 사이트를 활용하다 보니 프로그램에서 제공하는 대부분의 책 목록 확인이 가능했고 이제는 아이 혼자도 진행이 가능할 것 같았다. 그래서 사이트에서 제시한 책들을 구입해 아이 혼자 읽게 하고 모르는 단어는 스스로 찾아 정리하도록 하였다. 또한 인터넷에 무료로 제공되는 영어책 내용 확인 프로그램을 함께 활용하여 아이의 리딩을 이끌어 주었다.

3. 영어책 e북 리더 '아마존 킨들'(*Kindle*) 활용하기

아이의 영어 레벨이 올라가면서 영어책의 두께도 같이 두꺼워졌다. 특히 소설책을 읽게 되자 1천 페이지에 가까운 책 무게 때문에 휴대성에 문제가 생겼다. 또한, 아이 레벨에 따라 내가 책과 소리를 골라주는 데도 한계가 생기기 시작했다. 그때 알고 지내던 원어민으로부터 영어책을 전자 기기로 읽을 수 있는 e북 리더 '아마존 킨들'을 추천받게 되었다.

당시 킨들이 출시된 지 얼마 되지 않은 시기라 태블릿*PC*의 반도 안 되는 가격에 좋은 사양의 e북 리더를 구입할 수 있었다. 처음에는 태블릿*PC*와 비슷할 거로 생각하고 별로 내켜 하지 않았다. 그런데 구입한 후 아이가 활용하는 것을 보니 진작 사줄 걸 하는 생각이 들었다.

킨들의 가장 큰 장점은 아마존 서점에서 보유하고 있는 엄청난 양의 영어책들을 언제든 바로 사서 읽을 수 있다는 점이었다. 유료 책 외에 무료로 제공하는 책들도 상당히 많았는데 그중에는 양질의 좋은 책들도 꽤 많았다. 오디오 서비스도 함께 제공되어서 언제든 소리를 듣고 싶으면 영어 오디오북을 들을 수 있는 점도 활용하기 좋았다.

가볍고 휴대성이 좋아 휴가철 3~4시간 이상의 장시간 자동차 이동 시간에도 즐거운 여행을 할 수 있었기에 킨들을 구매한 후 아이들의 리딩 레벨은 한층 업그레이드되었다. 그뿐만 아니라 당시에는 이용자들에게 《워싱턴 포스트》라는 영자신문을 무료로 받아 볼 수 있는 서비스도 제공되었기에 영자신문 읽기도 함께 활용하며 높은 레벨의 영어책 읽기 단계에서 아주 유용하게 활용할 수 있었다.

물론 아이가 어리고 아직 책 읽기 습관이 잡히지 않았을 때는 종이책을 보는 게 좋다. 다만 아이의 영어책 레벨 상승으로 책 두께에 따른 휴대성 문제와 다양한 책 선택에 어려움이 있다면 아마존 킨들을 활용한 책 읽기 또한 좋은 방법이 될 수 있다.

4. 영어책 읽을 시간을 충분히 확보해 준다

소설이나 뉴베리 책 읽기를 할 때 특히 엄마가 배려해 줘야 할 부분은 영어책 읽는 시간을 확보해 주는 것이다.

초등학교 2학년 때부터 《해리포터》 읽기에 푹 빠진 아이가 어느 날 피아노 학원을 그만두고 싶다고 했다. 초등학교 3학년 때였는데 이유는 영어책 읽을 시간이 없다는 것이었다. 아이는 거의 학원에 다니지 않아 다른 아이들보다 여유 시간이 많았음에도 재미있게 책을 읽다가 피아노 학원을 가는 시간이 아깝고 싫었던 것이다.

아이들의 영어책 읽기 중심은 책 읽는 재미를 알게 해서 '스스로' 읽게 하는 데 있다. 아이가 책 읽는 재미를 알게 하려면 시간에 쫓기지 않아야 한다. 충분히 놀 시간이 있어야 책도 읽고 싶어진다. 따라서 언제든 책을 읽을 수 있는 충분한 여유 시간 확보가 중요하다. 빡빡하게 짜인 일과 중 일부가 영어책 읽기라면 모습만 달리한 영어학원과 다를 게 없기 때문이다.

참고자료

영어 레벨 용어에 대하여 : AR과 렉사일 지수

    아래 내용은 위에서 언급했던 영어 리딩 레벨에 관한 내용이다. 하지만 내 경험상 영어 진행이 너무 복잡하면 엄마가 힘들다. 앞에서 설명한 영어책의 분류와 영어서점에서 제공하는 영어책 레벨을 활용하는 것만으로도 리딩 레벨에 대한 이해는 충분하다고 생각된다. 따라서 아래의 영어 레벨 구분에 너무 집착하거나 스트레스받기보다는 본인이 알기 쉬운 레벨 구분 방법을 활용하길 권한다.

  1. *AR* 지수

    AR(*Accelerated Reader*) 지수는 미국 학생들의 읽기 실력을 학년 수준으로 구분해 놓은 것이다. 미국 르네상스러닝사가 17만여 권의 방대한 도서를 분석하고, 이 책을 읽은 3만여 명의 학생 데이터를 분석해 만든 지수로 초등학교 1학년 수준인 1레벨부터 고등 3학년 수준인 12레벨로 구분한다. *AR* 3.5라고 하면 미국 공립 초등학교 기준으로 3학년 5개월을 공부한 정도라 생각하면 쉽다. *AR* 북파인드 홈페이지(*www.arbookfind.com*)에 접속해 검색 창에 책 제목을 입력하면 해당 책의 *AR* 레벨을 알 수 있다.

2. *Lexile*(렉사일) 지수

렉사일 지수는 독서 능력과 책의 난이도를 측정하는 독서 평가 시스템이다. 미국의 교육 평가 기관 메타메트릭스(*Metamatrix*) 연구소가 20여 년간 4만4000권의 책에 대한 난이도를 연구하고, 그 결과를 반영하여 등급을 분류하였다. 미국의 많은 영어책에 *Lexile*(렉사일) 지수를 사용하여 독자의 수준에 적합한 책을 고를 수 있게 하고 있다.

렉사일 레벨을 알고 싶다면 렉사일닷컴 테스트를 보면 된다. 렉사일 지수는 숫자 뒤에 *L*자를 붙여 표기하는 데 0*L*부터 2,000*L*까지 다양하다. 단어 반복 정도와 문장의 길이를 레벨에 반영하는 점에서 *AR* 지수와 차이가 있다.

▶ **수능 대비 영어원서 얼마나 읽어야 가능할까요?**

영어 원서를 얼마나 읽어야 수능 영어 대비가 가능할까요? 영어 원서의 구분 및 활용 방법, 영어 레벨 테스트에 많이 활용하는 AR 지수 및 SR 테스트, 그리고 렉사일 지수 및 테스트에 대한 영상자료입니다. 또한 수능 영어와 AR지수 및 렉사일 지수에 대한 비교 분석 자료도 함께 볼 수 있습니다.

 수능대비 영어원서 책읽기/영어 레벨 테스트 /AR 지수 및 렉사일 지수

영자신문 활용하기

유아기부터 영어를 시작한 아이의 영어 수준이 높아질수록 다양한 읽을거리와 쓸거리 그리고 말하기에 대해 고민을 하게 되었다. 당시 초등학교 2학년이었던 아이는《해리포터》같은 판타지 소설은 읽을 수 있지만, 사고의 폭이 넓은 뉴베리 수상작이나 영미 소설 같은 책들은 읽기 힘들었다. 그래서 논픽션 단어 습득과 사고의 폭을 넓히기 위해 영자신문 진행을 시작해 보기로 했다. 하지만 내가 아이에게 영자신문을 가르칠 수는 없었다.

다행히 자주 방문하는 인터넷 영어 카페에서 비슷한 수준의 영어 친구를 만날 수 있었고 그 친구와 함께 영자신문을 활용한 쓰기(*writing*)와 말하기(*speaking*)를 해 보기로 하였다. 아무리 영어를 잘한다 해도 초등학교 2~3학년 아이들이니 어른용 영자신문은 무리가 있었다. 고민 끝에 인터넷에서 무료로 구할 수 있는 학생용 영자신문을 활용하기로 하였다.

먼저 일주일에 하나씩 영자신문 기사를 정하고 각자 기사를 읽고 모르는 단어를 찾아 자신만의 단어장에 예문과 함께 정리해 보게 하였다. 단어를 외우기보다 그동안 책을 통해 봤던 애매한 단어의 의미를 확인하고 자기 것으로 만드는 과정으로 활용한 것이다. 그리고 기사에 대해 요약(*summary*)하고 자신의 의견을 영어로 써보게 했다. 이 과정은 아이들에게 쓸거리를 제공해주고 맘껏 자기 생각을 써 보도록 하기 위한 것이었다.

그런 후에 나와 친구 엄마가 영자신문의 내용을 한글로 적어 워크시트를 만들어서 한글 문장을 영어로 다시 써보도록 했다. 이것은 정확한 영작을 요구한 것이 아니라 자신들이 읽고 요약한 기사 내용을 생각나는 대로 영어로 써보게 하는 것으로 또 다른 쓰기(writing) 방법으로 활용한 것이었다.

그리고 마지막으로 두 아이가 기사 내용에 대해 영어로 토론하며 말하기(speaking) 연습을 할 수 있도록 하였다. 서로 사는 지역은 달랐지만, 옆집에 사는 친구처럼 영어로 통화하는 시간을 두 아이 모두 즐거워했다. 물론 'ONLY ENGLISH'이었다. 길게 통화하는 날은 2시간이 넘게 영어로 떠들기도 했다. 서로 얼굴도 모르는 한국 아이들이 두 시간씩 영어로 수다를 떨고 있는 모습은 그동안 영어를 진행해 온 우리에게도 신기한 모습이었다.

무엇보다 아이들이 이 진행을 재미있어했고 친구와의 영어 토론 시간을 기다렸다. 영자신문이었지만 학생용이라 내용이 많이 어렵지 않았으며 논픽션 단어를 습득하고 자신의 의견을 정리해서 쓰고 말해 볼 수 있는 소중한 시간이었다. 영어 전문 학원의 논픽션 수업에 비하면 허술하고 부족해 보일 수 있겠지만, 우리는 이 과정을 모두 아이들 스스로 진행하였다는 데 의미를 두었다. 초등학교 2~3학년 아이들이 부모의 도움 없이 스스로 이런 과제들을 해냄으로써 영어 쓰기(writing)와 말하기(speaking)를 스스로 해결해 나갔기 때문이다. 무엇보다 아이들은 이 진행을 무척 즐거워했다.

앞서 엄마표 영어 원칙에서도 소개했듯이 영자신문을 활용한 쓰기(writing)가 끝나면 우리만의 인터넷 카페에 아이들의 쓰기(writing)와 과제들을 올려 공유하고 피드백을 했다. 피드백은 잘못한 것을 지적해 주는 게 아니고 무한 칭찬을 해주는 것이었다. 그리고 아이들은 서로가 작성한 쓰기(*writing*)와 과제를 보며 알게 모르게 자극을 받는 것 같았다. 이렇게 진행한 영자신문 활용은 이후 쓰기(*writing*) 보완을 위한 영영 학습지와 문법 진행도 아이 스스로 할 수 있는 기반이 되어 주었다.

영영 문법, 영어 학습서, 미국 교과서 진행

영영 문법 진행 : 영영 문법 vs 한글 문법

아이가 초등학교 고학년이 되면서 영자신문 진행과 더불어 서서히 영영 문법을 시작해 보기로 했다. 우리가 활용한 영영 문법책은 저자 *Betty Azar*의 이름을 따서 '아자'라고 더 많이 불리는 《*Basic English grammar*》(초급, 빨강), 《*Fundamental of English grammar*》(중급, 검정), 《*Understanding and using English grammar*》(고급, 파랑) 교재였다. 사실 이 책은 단계별 표지 색깔을 따라 '아자 빨강'(초급), '아자 검정'(중급), '아자 파랑'(고급)으로 더 많이 불리기도 한다.

한글 문법책이 아닌 이 책을 아이의 문법 교재로 활용한 이유는 '문법은 정확한 영어 문장을 말하고 쓸 수 있는 학습이어야 한다'라는 생각 때문이었다. 대부분의 기존 문법책은 한자로 된 문법 용어들을 외우게 하고 시험을 위한 문법 공부에 초점이 맞춰 있다. 하지만 어려서부터 영어를 언어로 습득한 아이에게 그런 문법 공부는 시키고 싶지 않았다. 그리고 실제로 이 책을 아이에게 학습하게 하며 나의 이런 생각이 틀리지 않았음을 확인 할 수 있었다. 아이들과의 영영 문법 공부는 나의 영어 문법 공부에 대한 부정적인 생각을 바꾸고 문법 학습의 이유에 대해 다시 생각하는 계기가 되었다.

영어 문법은 왜, 어떻게 공부해야 할까?

1. 문법은 정확한 말하기 쓰기를 위한 학습이다

내가 알고 있던 기존의 문법 공부는 '명사+s(es)⇒복수'라는 공식을 외우고 잘못된 복수 변화를 찾아내는 방식이었다. 그런데 영영 문법을 공부해보니 단수·복수의 문법 학습은 명사의 단·복수 변화뿐 아니라 관사의 사용, 동사의 변형을 적용해 정확한 문장으로 말하게 하는 연습 과정으로써의 의미가 더 컸다. 예를 들어 "*An ant is an insect*"라는 문장을 "*Ants are insects*"라는 복수의 문장으로 바꾸는 연습을 하게 하는 것이다. 연습 방식도 여러 가지 형태를 제시해 준다. 특히 단수나 복수 주어를 제시하고 학습자 스스로 문장을 만들도록 유도하는 방식은, 기존의 *OX* 방식의 문법 학습 방법과 달리 살아있는 언어를 내뱉어 볼 수 있는 기회를 제공해 주었다.

2. 문법책은 문법만 공부하는 책이 아니다

이 책은 문법을 설명하는 학습서임에도 '듣기'(*Listening*)를 연습 문제(*exercise*)로 제시하여 학습자들에게 문법, 말하기, 쓰기, 듣기의 균형을 맞추게 하고 있었다. 기존 문법 학습법이 문장의 오류를 잡아내는 것에 초점을 맞춘 것과 달리 정확한 문장을 구사하기 위한 문법은 말하기에만 한정되는 것이 아니라 듣기에도 함께 적용되어 학습되어야 한다는 것이다. 특히 지문(*script*)이 전혀 없는 듣기 방식이 마음에 들었다.

3. 우리말과 다른 '영어 시제'를 다시 알게 해 주었다

개인적으로 이 문법책을 제일 잘 활용한 분야가 '시제' 부분이었다. 특히 현재완료(*Present perfect*) 부분은 좀 더 명확한 시제를 이해할 수 있는 기회가 되어 주었다. 현재 완료 용법을 찾아내는 문제는 중·고등학교 시절 단골 시험 문제였다. 조금만 문제가 꼬여도 용법이 헷갈렸고 현재완료를 활용한 문장을 생활영어에서 활용하기는 너무 어려웠다.

현재완료라는 시제가 우리말에는 없는 시제인 데다, 영어 문법을 우리말로 번역해 설명하는 데서 오는 한계이기도 했던 것 같다. 하지만 이 책의 설명을 보고 반복되는 상황의 문장들을 만들어 가다 보니 현재완료라는 시제를 다시 알게 되었다. 그동안 많은 문법책을 봤지만, 기존 한글 문법책에서 문장을 이렇게 많이 만들고 연습해 본 적이 없었다. 현재완료 용법을 외우고 같은 용법을 찾아내는 *OX* 방식의 문법 공부에 비해, 현재완료 용법을 문장으로 배우고 스스로 문장을 만들어 내는 공부의 차이는 엄청난 것이었다.

여전히 우리의 문법 공부는 틀린 문장을 찾아내는 문제 풀이를 연습하는 안타까운 교육방식이 계속되고 있다. 하지만 아이들과 영영 문법을 공부해보니, 문법을 공부하는 이유는 많은 책에서 봤던 문장들을 문법 공부를 통해 정리하고 정확한 말하기와 글쓰기를 하기 위함이라는 사실을 알게 되었다.

큰아이의 영어 실력이 올라가 내가 관리하기 힘들어졌을 때 잠깐 학원에 다닌 적이 있었다. 얼마간 다니다 그만두었는데 학원에게 장학생으로 다시 와 달라며 여러 번 연락이 왔다. 학원비 무료 등 여러 가지 혜택에 혹해 아이에게 다시 학원에 가는 걸 권해 보았다. 그때 아이가 학원행을 거부했던 이유 중 하나가 이 문법책 진행에 관한 것이었다.

아이는 혼자 공부하며 문법 사항을 정리하고 문장을 만들어 보고 싶다고 했다. 그렇게 자기 것으로 만드는 데 어느 정도의 시간이 필요하다고 했다. 그런데 학원에서는 500페이지에 가까운 이 책을 1~2개월 안에 끝내주겠다고 제시했던 것이다. 아이는 문장은 만들어 보지도 못하고 문법 설명만 한번 휙 하고 외우라는 학원 수업은 듣고 싶지 않다고 했다.

아이의 말을 듣고 나니 '장학생'이라는 유혹에 현혹되었던 나 자신이 부끄러웠다. 그 후 아이는 초급, 중급, 고급 단계의 이 문법책 시리즈를 혼자서 해냈다. 물론 시간은 걸렸지만, 차근차근 자신만의 문법을 정리하며 영어 쓰기(*writing*)와 말하기(*speaking*)를 교정해 나갈 수 있었다.

이 책이 베스트셀러다 보니 유명 어학원 등에서 학원용 교재로도 많이 활용하고 있다. 하지만 우리 아이가 학원행을 거부한 이유처럼 이 책은 한두 달 안에 문법을 외우고 지나가는 책이 아니다. 정확한 언어 사용을 위해 차근차근 문장을 만들어 자기 것으로 만들어나갈 때 그 효과를 극대화 할 수 있을 것이다.

하지만 이 책은 지겨울 정도로 많은 문장 만들기를 반복시킨다. 따라서 반복을 싫어하고 싫증을 잘 내는 아이라면 반응을 봐가며 맞춤형 진행이 필요하다. 그리고 영영 문법책은 모든 설명과 구성이 영어로 구성되어 있어 아직 영어 내공이 약한 아이는 혼자 진행이 어려울 수 있다. 아이가 힘들어한다면 무리하게 밀어붙이기보다 좀 더 쉬운 단계의 영영 문법책이나 한글 번역본을 함께 활용하여 아이가 문법 진행으로 인한 스트레스를 받지 않도록 하는 것이 중요하다.

영영 문법책 활용과 더불어 한 가지 더 언급하고 싶은 것은, 학교 내신 성적을 위한 한글 문법 공부에 대한 부분이다. 학교 내신 성적을 위해서는 여전히 문법 용어를 알아야 하고 틀린 문법 사항을 찾아내야 한다. 하지만 아이들의 영어 학습은 우리 세대가 공부했던 것처럼 문법이 중심이 되는 공부가 아니라, 듣기, 말하기, 읽기, 쓰기 순서의 영어 진행이 되어야 한다. 그리고 영영 문법을 통해 정확한 말하기 쓰기 연습을 해 보는 게 좋다.

영영 문법을 공부한 아이들이 한글 문법책을 공부하게 되면 현재완료라는 용어는 모를 수 있다. 하지만 문장에 어떻게 적용하는지를 이미 알고 있기 때문에 문법 용어를 정리하는 정도의 공부로도 내신 성적에 대비 할 수 있을 것이다. 처음부터 한글 문법에 시간을 쏟아붓기보다 일단 많이 듣고 많이 읽은 후 영영 문법과 한글 문법으로 정리하는 것이 효율적인 영어 공부 방법이 될 수 있다.

영어 학습서 진행

아이의 영어 수준이 점점 높아질수록 더 폭넓은 분야의 읽기가 필요하다. 우리말도 '엄마', '아빠' 같은 단어부터 시작해 성장에 따라 사고력 확장과 다양한 독서가 필요한 것처럼 영어도 마찬가지이다. 영어라는 언어를 습득하고 사고를 담는 틀로써 영어를 완성하려면 더 넓은 사고를 할 수 있어야 한다.

그러기 위해서는 재미 위주의 책 읽기에서 벗어나 논픽션이나 지식 책 위주의 책 읽기로 사고의 폭을 넓혀 가야 한다. 그런데 논픽션 부류의 책은 아이의 성향에 따라 골고루 읽히기가 쉽지 않다. 과학을 좋아하는 아이라면 과학 분야의 논픽션 책은 잘 읽지만, 역사 분야는 잘 읽지 않거나 혹은 그 반대의 경우가 있기도 하다. 이런 경우 아이들에게 대안으로 활용할 수 있는 것이 영자신문, 리딩 학습서를 활용한 논픽션 읽기이다.

또한, 많은 영어책을 읽어 영어에 익숙해진 아이라 하더라도 읽기 레벨이 올라가지 않고 단어의 의미를 명확히 해야 다음 단계로 올라갈 수 있는 아이들이 있다. 소위 '어휘가 늘지 않는' 단계가 찾아오는 경우인데 그때 유용하게 활용할 수 있는 교재가 어휘 학습서이다.

이런 학습서의 진행은 다양한 읽기를 위한 부수 교재로 활용하거나 책 읽기를 통해 쌓인 어휘를 자기 것으로 만들기 위해 확인하는 차원에서 활용하는 것이지 학습서가 아이의 영어 진행에 주가 되면 안 된다. 영어 진행의 주는 어디까지나 '책 읽기'이고 학습서는 보조 교재로 활용해야 한다.

1. 어휘 학습서

아이들이 책을 읽으며 단어의 의미를 파악했지만 뭔가 두루뭉술한 느낌이 들 때가 있다. 이런 경우 단어의 의미를 명확히 해야 할 때가 있는데, 그때 유용하게 활용할 수 있는 교재가 어휘 학습서이다. 어휘 학습서는 단어의 다양한 의미를 상황에 따라 어떻게 사용하는지를 학습할 수 있으며 파생어나, 유사어, 반의어도 함께 배울 수 있다. 또한 단순한 단어 학습뿐만 아니라 어휘를 활용한 다양한 읽기 자료를 제공하며 문장 안에서 어휘 습득을 유도한다.

영어를 진행하며 학습서를 엄마가 지도해주기는 힘들다. 특히 챕터북 이상의 책 읽기 단계라면 더 그러하다. 따라서 학습서를 선택할 때는 아이의 리딩 레벨보다 1~2단계 낮은 레벨의 학습서를 선택하는 것이 좋다. 간혹 학습서의 레벨이 아이의 영어 레벨이라고 착각해 무리하게 높은 레벨의 학습서를 선택하는 경우가 있다. 이런 경우 잘못하면 아이에게 영어의 재미를 빼앗고 영어 진행이 힘들어질 수 있으므로 무리한 학습서 진행은 피하는 게 좋다.

다시 말하지만 학습서는 영어 진행에 부수적인 교재이고 아이 스스로 진행해야 하는 경우가 많다. 따라서 아이의 레벨보다 낮은 레벨의 학습서를 택하고 엄마는 채점해 주는 정도로 진행하는 게 좋다. 또한, 외국의 어휘 학습서들은 그 종류가 상당히 다양하다. 한 가지 종류의 학습서로 영어 진행을 마무리하기보다 같은 레벨의 학습서를 여러 종류 선택해서 진행해 보는 것이 좋다. 같은 단어를 여러 학습서에서 정리할 기회를 얻게 되면 굳이 암기하지 않아도 어휘를 다지는 효과를 가질 수 있다.

2. 리딩 학습서

리딩 학습서를 활용하는 이유는 앞서 언급한 것처럼 아이에게 다양한 논픽 분야의 읽을거리를 제공해 주기 위함이다. 우리나라 독해 학습서처럼 문장을 분석하고 해석하는 것이 아니라, 읽기 책처럼 읽고 학습서에서 제시하는 약간의 활동과 어휘를 습득하며 전체적인 내용 파악에 의미를 두고 진행하는 것이 좋다.

리딩 학습서 역시 아이의 리딩 레벨보다 1~2단계 낮은 레벨의 교재를 선택해 활용하도록 하고 같은 레벨의 다른 학습서 여러 권을 진행하는 것이 좋다. 아이의 레벨이 높아질수록 엄마가 학습서 진행을 도와주기가 힘들어진다. 그러니 가능하면 답지가 있는 교재를 선택하도록 한다.

참고로 우리 아이들이 활용했던 리딩 학습서 중에 토플 용 교재도 있었다. 토플 시험을 위한 학습서로 활용한 것이 아니라, 아이에게 더욱 다양한 읽을거리를 접해주기 위해 활용한 교재였다. 토플 교재는 다양한 분야의 내용을 다루고 있기에 논픽션 분야의 많은 읽을거리를 제공할 수 있어 유용한 리딩 교재로 활용할 수 있었다.

미국 교과서 진행

미국 교과서들은 우리나라의 교과서처럼 엄선된 읽기 자료와 관련 활동을 제공하고 있으며, 리딩 학습서보다 다양한 읽기 자료를 담고 있어 아이의 영어 진행에서 같이 활용할 수 있는 좋은 교재이다. 미국 교과서 역시 오디오 CD를 같이 구입하여 집중듣기, 혼자읽기 교재로 활용해 볼 수 있다. 하지만 교과서의 읽기 자료 뒤에 제공되는 질문이나 활동지 등은 레벨이 올라가면 아이 혼자 진행하기 상당히 어려운 부분이 있다. 이때는 교과서의 지문을 읽는 정도에서 만족하고 교과서 진행으로 아이와 엄마가 스트레스를 받지 않는 것이 좋다.

미국 교과서는 출판사에 따라 종류가 다양하며 한 학년도 여러 권의 책으로 구성되어 있으므로 처음부터 전부를 구입해서 활용하기보다 아이에게 필요한 부분만 골라 구입해 보는 것이 좋다. 또한, 하드커버로 구성되어 있고 분량이 많아 구입비용이 부담될 수 있으니 중고 서적 이용을 고려해 보는 것도 좋다. 미국 교과서가 알찬 내용과 구성으로 훌륭한 교재인 것은 맞지만 책 읽기, 학습서, 교과서까지 모든 교재를 진행하다 보면 배가 산으로 가는 경우가 될 수도 있다. 따라서 중심을 잃지 않는 진행이 되도록 주의해야 한다.

자주 방문하는 인터넷 영어 카페에서 비슷한 수준의 영어 친구를 만날 수 있었고 그 친구와 함께 영자신문을 활용한 쓰기(writing)와 말하기(speaking)를 해 보기로 하였다. 아무리 영어를 잘한다 해도 초등학교 2~3학년 아이들이니 어른용 영자신문은 무리가 있었다. 고민 끝에 인터넷에서 무료로 구할 수 있는 학생용 영자신문을 활용하기로 하였다.

※ 아이가 초등학교 저학년 때 친구와 진행했던 영자신문 활용 자료이다. 아직 어린 나이라 노트 정리가 깔끔하지는 못하지만, 아이들 스스로 즐거워하며 진행했기에 그 어떤 영어 진행보다 의미가 있었다. 특히 쓰기는 나와 친구 엄마의 간섭 없이 아이들이 쓰고 싶은 내용을 마음껏 쓸 수 있도록 하였다. 영자 신문의 기사를 단순히 공부 교재로 읽기보다, 친구와 소통하기 위해 궁금한 내용은 인터넷 검색이나 책에서 추가 자료를 스스로 찾으며 진행했었다.

◈ 시작하는 나이별 엄마표 영어 진행 모델

유아기~4세에 시작하는 경우 : 문자 노출 없음, 시간적 여유 많음

19년 동안 아이와 영어를 진행하며 느낀 최적의 영어교육 시기는 언제일까?

내 경험에 의하면 최적의 영어교육 시작 시점은 4세 이전의 유아기이다. 이 시기는 영어를 시작하기 좋은 시기일 뿐만 아니라 교육 효과도 가장 좋은 시기이다. 아직 우리말이 서툰 아이들을 상대로 조기 영어를 시작해야 한다고 생각하면 너무 막막하고 힘든 과정이 될 것이다. 하지만 아이가 우리말을 습득하듯 영어를 습득할 수 있도록 아이와 적극적으로 상호작용하려고 생각한다면, 그리고 그 언어가 '우리말'과 '영어'라고 생각한다면, 훨씬 자연스럽고 쉽게 시작할 수 있을 것이다.

사실 이 시기의 아이들과 할 수 있는 영어교육 방법은 영어로 말을 걸어주고 영어동요. 챈트를 같이 듣고 따라 하며 영어동화를 들려주는 게 전부이다. 하지만 이런 소리가 그냥 스쳐 가는 소리로 끝나지 않고 아이에게 의미 있는 소리로 다가갈 수 있도록 이끌어 준다면, 영어도 우리말처럼 습득 할 수 있으며 이는 엄마와 아이의 적극적인 상호 작용을 통해 가능하다.

적극적인 상호 작용은 아이에게 강압적으로 영어를 가르치라는 의미가 아니다. 엄마가 더 적극적으로 말을 걸어주고, 잠자리에서 잊지 않고 한글 동화 읽어주듯 영어동화를 읽어주며, 아이들에게 더 많이 관심과 배려를 주는 것이다. 이런 상호 작용은 아이의 영어 습득뿐만 아니라 아이와 부모의 유대관계를 더 긴밀하게 해주고 유아기의 인성 형성에도 좋은 영향을 줄 수 있다.

1. 엄마의 영어 공부

4세 이전의 유아기에 영어를 시작한다면 가능하면 일상생활에서 아이에게 영어로 말을 걸어 주는 게 효과적이다. 가장 효율적인 방법은 부모 중 한 명은 영어로 의사소통하고 다른 한 명은 우리말로 의사소통함으로써 아이의 이중 언어 습득에 따른 혼란을 최소화하면서 생활 속에서 자연스럽게 영어를 접해 주는 것이다. 우리 집의 경우는 내가 아이들과 영어로 대화하려 노력하였고 아이들 아빠와 할머니는 한국말로 아이들과 대화하였다. 하지만 나는 원어민이 아니고 전에 영어로 대화해 본 경험도 거의 없었기에 공부해 가며 천천히 영어 대화를 시도하는 수밖에 없었다.

부모가 처음부터 모든 대화를 영어로 할 수는 없다. 한마디씩 공부해가며 대화하다 보면 아이뿐 아니라 엄마의 영어 말하기 실력도 같이 좋아지게 된다. 내가 아는 지인 중에는 엄마가 아닌 아빠가 영어를 담당했던 가족도 여럿 있었다. 모든 대화를 영어로 해줄 수 없다 해도 최선을 다해 영어로 말을 걸어주면 된다. 이 시기에 부모가 영어로 말을 걸어주는 것은 아이에게 모든 영어를 습득 시켜 주기 위한 것이 아니다. 영어를 생활 속으로 가지고 와 아이에게 생활 의 일부분으로 인식 시켜 주기 위한 것이다.

'엄마의 영어 공부'를 두려워하지 않았으면 좋겠다. 나도 처음에는 한마디도 떼기 힘들었지만 일단 시작하니 끝까지 할 수 있었다. 내 주변의 지인들도 마찬가지였다. 지금 시작하면 누구든 성공적인 영어를 향한 항해를 할 수 있다.

2. 영어동요 활용

이 시기의 아이들에게 영어 습득은 부모의 일방적인 인풋 퍼부어 주기 과정이다. 이때 활용하기 좋은 인풋 재료가 영어동요(song)와 챈트를 활용하는 방법이다.

우리 작은아이가 돌이 되기 전, 아직 우리말을 하지 못했을 때였다. 여느 때처럼 큰아이와 영어동요를 부르며 춤추고 놀고 있었다.

"I like to wiggle, wiggle, wiggle, wiggle, one, two, three, four, five~~~"

'wiggle' 이란 단어는 '씰룩씰룩 움직이다, 꼼지락거리다'라는 뜻이 있다. 오래돼서 제목은 잘 기억나지 않지만, 이 노래를 부를 때면 큰아이와 손가락이나 엉덩이를 마구 움직이며 놀았었는데, 그날은 이 노래의 *'wiggle'* 부분이 나오자 작은아이가 손가락을 꼼지락거리며 춤을 추는 게 아닌가? 아직 말을 하지 못하는 아기였지만 작은아이는 나와 큰아이가 부르는 노래와 동작을 매일 보고 배우고 있었던 것이다.

유아기는 아이와 신체 접촉이 많은 시기이다. 이때 아이에게 다리 마사지를 해주거나 안아 줄 때, 그리고 잠자리에 들 때도 그냥 지나치지 말고 동요나 챈트를 활용해 아이와 적극적으로 상호 작용해보자. 예를 들어 아이가 생후 몇 개월 안 된 유아라면 누워있는 아이의 손을 잡고 손바닥을 마주쳐주며 《Wee Sing For Baby》등을 참고해 이런 노래(챈트)를 불러 줘도 좋을 것이다.

"Clap, clap, clap your hands, as slowly as you can.
Clap, clap, clap your hands, as quickly as you can"

이런 노래와 동작을 몇 년 동안 계속한다고 생각해보자. 나중에 학원에서 듣는 하루 몇 마디 영어 소리와 비교할 수 없는 인풋이 쌓이게 되는 것이다. 내가 아이들에게 퍼부어준 인풋은 이렇게 생활 곳곳에서 매일 반복 되는 것들이었다. 아이에게 우유를 줄 때, 기저귀를 갈아줄 때, 아이를 목욕시킬 때 등 아이와 함께하는 대부분 생활공간에서 영어로 노래해 주고 말을 걸어 주었다. 이런 상호작용은 나중에 아이가 말을 하게 되었을 때도 자연스럽게 영어 대화를 이어갈 수 있게 해 주었다.

아이가 잠들 때는 〈Rock-a-Bye Baby〉, 〈Twinkle Twinkle Little Star〉와 같은 영어 자장가(Lullabies)를 엄마의 목소리로 들려주게 되면 아이에게 안정감을 주면서 영어 습득을 위한 좋은 인풋이 될 수 있다. 《wee sing for baby》와 같은 영어동요 CD나 유튜브 검색을 하면 영어 자장가 음원과 가사를 쉽게 구할 수 있다. 한 곡씩 외워 잠자리에서 아이를 안고 엄마의 목소리로 불러줘 보자. 아이의 정서적 안정에도 좋고 이런 상호 작용이 반복될수록 아이와 유대감이 깊어지며 영어 음감은 발달하게 된다.

또한, 이 시기는 아이들에게 빈번한 영어 노출로 영어 소리를 익숙하게 해주는 것이 중요하므로 쉽고 재미있는 영어동요를 많이 들려주도록 한다. 아이가 블록 놀이할 때, 밥 먹을 때, 자동차를 타고 이동할 때 등 아이 주변에 영어동요와 챈트를 가까이하여 생활 속에서 영어 소리를 익숙하게 해준다. 영어동요 또한 엄마의 목소리로 불러 주는 게 좋다. 그냥 생각나는 몇 구절을 불러 주기보다 쉬운 노래 몇 곡이라도 외워서 엄마 목소리로 불러주면 아이의 아웃풋을 끌어내는 데 훨씬 효과적이다.

하지만 이 시기에 인풋을 퍼부어 주며 명심해야 할 점이 있다. 절대 '아웃풋'을 기대하면 안 된다. 아웃풋을 기대하는 순간 조기 영어교육 학원이 되어 버릴 수 있다. 끊임없는 인풋을 쏟아 주되 아웃풋을 기대하지 않는 것은 유아기 영어 진행에서 명심해야 할 부분이다. 엄마가 힘을 빼고 즐기며 동요를 불러주다 보면 아이가 영어동요를 흥얼거리며 엄마에게 영어로 놀자고 다가오는 날이 있을 것이다.

3. 영어동화 활용

태교 때부터 아이들에게 한글 동화책을 읽어 줬었다. 엄마의 목소리로 듣는 동화는 아이에게 정서적 안정감뿐만 아니라 청각을 발달시키고 뇌 발달에도 효과가 있다고 한다.

영어동화도 마찬가지이다. 영어동화는 한글동화처럼 아름다운 그림과 글로 이루어져 있어 동화책을 읽어주는 시간은 아이뿐만 아니라 엄마도 함께 행복해질 수 있는 시간이다. 돌 전 아이라면 하루에 15분 이상 시간을 정해 놓고 엄마의 목소리로 영어동화를 읽어줘 보자. 그리고 영어동화와 함께 제공되는 오디오 CD를 활용해 매일 영어동화 소리를 들려줘 보자.

하지만 들려줄 시간을 정해 놓지 않고 아이 혼자 방치하듯 온종일 틀어 놓는 오디오는 아이에게 의미 없는 소음일 뿐이다. 시간을 정해놓고 들려주. 아이와 엄마가 목욕하거나 밥을 먹는 시간 등을 활용해도 좋다.

영어를 처음 시작할 때라면 영어동화를 읽어주며 사물 인지용 영어책을 활용해서 영어로 사물 인지를 함께 시도해 보자. 영어동화 속에서 많은 영어 단어를 보고 듣지만, 기본적으로 알아야 하는 단어를 좀 더 명확히 확인하게 되면 이후 아이들의 아웃풋을 끌어내는데 효과적일 수 있다.

이 시기의 사물 인지 책들은 주로 *body, colors, animal, shapes, number, family, farm, car, house* 등으로 분류된다. 각 분류별로 큰 그림과 함께하는 책을 골라 아이와 함께 보면 도움이 될 수 있다.

이때도 한 가지 책보다는 여러 가지 책을 활용하는 것이 지겨워하지 않고 즐겁게 영어를 접하는 방법이다. 유아기 영어의 핵심은 아이와 함께 즐기는 영어이다. 지나친 욕심으로 아이에게 영어 단어를 인지시키려 하지 말고 아이와 즐기려는 생각으로 함께한다면, 아이와 행복한 추억에 영어는 덤으로 따라올 것이다.

4. DVD 등 영상매체 활용

유아기 영어에서 DVD 등 영상매체는 가장 주의 깊게 그리고 가장 늦게 노출해야 할 교재라고 생각한다. 물론 화면을 보며 소리를 듣기 때문에 아이의 듣기 능력 향상이나 단어와 문장 인지 측면에서 상당한 학습 효과를 가져올 수 있지만, 이 시기는 영어보다 아이의 나이에 맞는 건강한 성장이 먼저이다.

유아기의 아이들에게 성급하게 노출한 영상물은 아이를 자칫 영상물 중독에 이르게 할 수 있다. 지나치게 화려하고 빠른 영상물을 계속 보게 되면 영어교육 교재로서의 영상물 효과는 없어지고 그냥 번쩍이는 큰 소리의 화면이 될 수 있기 때문이다. 영어 영상물을 활용하고 싶다면 영어동화와 영어동요로 영어 노출이 어느 정도 이루어져 아이가 영어 소리에 어색해하지 않는 시점에서 시작하는 것이 좋다.

유아기에 처음 시작하는 영어 영상물은 내용과 화면이 순한 '영어동화 영상'이나 〈까이유〉(caillou), 맥스 앤 루비 (Max and Ruby) 같은 또래 아이들의 일상을 다룬 것들이 좋다. 디즈니의 화려한 영상과 빠른 속도의 영상은 아이가 좀 더 크고 영어 노출이 충분해졌을 때 접해 주는 것이 아이의 정서나 효과 측면에서 더 좋을 것이다.

다시 한번 강조하지만, 영상물을 보여줄 때는 되도록 부모가 함께하고 부모와 상호작용하는 시간으로 활용하는 것이 좋으며 아이 혼자 영상물에 방치하지 않도록 하여야 한다. 또한, 아이에게 영상물을 보여주는 시간도 미리 정해서 아이가 지나친 영상에 노출되지 않도록 세심한 배려를 하여야 한다.

5. 책 읽기 시작과 영어 읽기 독립

유아기에 시작한 영어라면 아이가 5세 정도 되어 문자에 관심을 가지게 되면 문자 교육을 통한 책 읽기를 시작하는 것이 좋다. 아이와 함께하는 영어의 최종 목표는 영어책 읽기 독립이 되어야 하며 이는 앞에서 언급한 파닉스, 사이트 워드, 쉬운 리더스북 읽기, 본격 리더스북 읽기, 챕터북 읽기, 뉴베리 작품과 소설책 읽기 순으로 진행하도록 한다.

4세 이전 유아기에 영어를 시작해 충분한 인풋이 제공되었다면 아이들은 7세 전후가 되면서 영어(언어) 폭발기를 맞게 된다. 그리고 그 이후의 영어 진행은 말 그대로 알아서 스스로 굴러가는 신기한 경험을 하게 될 것이다. 하지만 이를 위해 꼭 기억해야 할 것이 있다. 유아기에 시작하는 영어는 그 목표를 '영어 습득' 보다 '아이와 상호 작용'에 두어야 즐겁고 성공적인 진행이 될 수 있다는 점이다.

5세~7세에 시작하는 경우 : 문자 노출 가능, 시간적 여유 있음

영어를 시작하는 시기를 4세 이전과 5~7세로 구분한 이유는, 아이들의 발달 단계에 따라 유아기를 지나 5~7세가 되면 아이들이 '문자'에 관심을 가지게 되기 때문이다. 4세 이전 유아기의 아이들은 문자를 활용한 영어교육이 필요 없는 시기이다. 그래서 영어동요와 엄마가 읽어주는 영어동화가 영어 진행의 주를 이룬다. 하지만 5~7세의 아이들은 모국어 기반의 문자 교육이 가능한 시기이다. '듣기와 읽기'를 동시에 진행하며 아이의 영어를 이끌어줄 수 있는 시기인 것이다.

1. '듣기'가 먼저다 : 영어동요 1시간~2시간+영어동화 읽어 주기 1시간~2시간(4~6개월 동안 진행)

유아기에 영어 노출이 거의 없다가 5~7세에 영어를 시작할 때도 가장 중점을 두어야 할 부분은 듣기이다. 처음 시작은 영어동요와 영어동화로 시작한다. 이 시기의 아이들은 자기주장이 조금씩 생기기 시작하는 시기이다. 따라서 엄마가 임의로 영어 인풋을 퍼붓기보다, 적당한 밀고 당기기를 활용해 영어에 거부감 없이 노출될 수 있도록 신경을 써야 한다.

이 시기의 영어 진행에서도 엄마와 영어 대화는 함께 해주는 것이 좋다. 하지만 아이가 영어 대화를 거부하거나 싫어한다면 그 효과가 미미해지므로 무리하게 강요하거나 진행하지 않는 편이 좋다.

대신 엄마가 영어 대화로 줄 수 있는 인풋의 양만큼 영어책, 영어동요, 영어 영상물로 그 양을 채워 주어야 한다. 따라서 아이가 책과 동요, 영어 영상물을 부담 없이 받아들일 수 있도록 엄마의 세심한 배려가 필요하다. 영어 아웃풋을 위한 인풋의 절대량은 언제나 필요하므로, 이 시기에도 방법을 달리할 뿐 절대적인 영어 인풋은 제공되어야 한다.

이전에 영어 노출이 없이 처음 영어를 시작하는 경우라면, 처음 4~6개월 정도는 4세 이전에 시작하는 경우와 마찬가지로 영어동요를 오디오 소리와 엄마의 목소리로 들려주고, 아이가 좋아하는 성향의 영어 동화책을 매일 꾸준히 읽어주어야 한다. 하루 1~2시간 이상의 영어 소리 노출을 목표로 한다. 그러나 아이들이 영어를 거부하지 않고 받아들일 때까지는 무리하게 영어 노출 시간을 늘리지 않는 것이 좋다.

아직 DVD 등 영상 매체 노출은 삼가고 일단 '소리' 노출로만 영어를 익숙하게 해준다. 영어동화도 처음에는 아이들이 좋아하는 분야의 동화를 찾아 읽고 들려주면서 영어를 좋아하고 영어 소리에 익숙해질 수 있도록 도와준다.

예를 들어 동물을 좋아하는 아이라면 동물을 소재로 하는 에릭 칼의 《Brown Bear, Brown Bear, What Do You See?》, 《From Head to Toe》 같은 영어동화나 《Bremen Town Musicians》, 《Three billy goats》 같은 동화를 읽어 주며 아이에게 영어동화의 재미와 호기심을 가질 수 있게 한다.

이 시기에는 가능하면 소리가 있는 영어동화를 활용하여 엄마가 읽어 줬던 영어동화를 아이가 노는 시간이나 자동차 안에서 흘려듣기 하게 함으로써 영어 소리와 영어동화에 최대한 익숙해질 수 있도록 도와주는 게 좋다.

2. 영상물과 함께 활용하기: 영어동화 읽어주기 30분+영어 영상물 시청 30분~1시간+영어동요(6개월 진행)

위 1의 방법으로 4~6개월 정도 영어에 익숙해졌다면 이제 영어 영상물을 함께 활용할 수 있다. 앞에서도 언급했지만, 영어 영상물을 활용하는 것은 아이가 듣는 영어 소리에 의미를 입혀 유의미한 영어 듣기로 끌어 주기 위함이다. 하지만 영어를 접한 지 얼마 되지 않은 아이에게 과도한 영어 영상물 노출은 위험하다.

엄마와 함께 하루에 30분~1시간 범위에서 영상물을 시청해 본다. 그리고 아이와 협의를 통해 1회 시청 시간을 미리 정하는 게 좋다. 앞에서 언급한 *DVD* 등 영상물 활용 방법에서 제시한 방법과 목록들을 활용하여 진행해 보도록 한다.

영어 영상물 시청과 함께 엄마와 읽는 영어동화 읽기는 꾸준히 계속해야 한다. 영어에 익숙해지게 되면 엄마가 재미있게 읽어주는 영어책은 대부분 좋아한다. 하루 영어 진행 시간은 엄마와 함께 영어책 읽기 30분 이상, 영어 영상물 시청 30분~1시간, 영어동요 등 영어 소리 듣기 30분 정도로 하며, 아이가 영어에 익숙해지고 영어가 재미있다고 느낄 수 있게 도와준다. 보통 이 시기도 6개월 정도 진행하는 게 좋다. 하지만 아이에 따라 좀 더 시간이 걸리는 경우도 있다.

이 시기에도 영어동요, 영어동화 소리는 아이 곁에 흘려듣기로 함께 해주어야 한다. 하지만 이 시기의 흘려듣기가 아이에게 온종일 틀어주는 의미 없는 오디오 소리를 의미하는 것은 아니다. 아이들이 엄마와 읽었던 영어동화, 엄마와 같이 불렀던 영어동요, 엄마와 같이 봤던 영어 영상을 소리만 모아 아이의 흘려듣기 소리로 활용하면 그 효과를 높일 수 있다.

3. 듣기가 충분히 채워졌다면 책 읽기 병행 : 영어동화 읽어주기(30분 이상) + 영어 영상물 시청(1시간 내외) + 리더스북 읽기(30분 이상) + 영어동요

위 1, 2의 과정을 1년 이상 거치게 되면 아이는 영어를 부담 없고 재미있게 받아들이게 될 것이다. 5세에 시작했다면 6세가 되었을 것이고 6세에 시작했다면 7세가 되었을 것이다. 이 시기는 유치원에서 한글을 배우며 문자에 대한 관심이 조금씩 생길 때이다. 이제 아이의 반응을 보며 영어 문자 익히기를 조금씩 시도해 보자.

이 진행을 시작할 때 엄마가 염두에 두어야 할 점은 계속해서 말하지만 아이에게 영어의 재미를 빼앗으면 안 된다는 점이다. 갑자기 파닉스 책을 가지고 와 알파벳을 외우고 리더스북을 읽으라고 하면 아이는 영어에 대한 흥미를 잃어버리고 다시는 쳐다보지 않을 수도 있다. 앞에서 언급한 '파닉스 활용하기'를 참고하여 파닉스 스토리북과 파닉스 영상물을 활용하여 영어 문자에 대해 아이가 흥미를 느끼고 재미있게 다가갈 수 있도록 도와주자.

다행인 것은 이 시기의 아이들은 아직 영어에 투자할 수 있는 시간이 많다는 것이다. 파닉스에 어느 정도 익숙해졌다면 너무 오래 파닉스에 집중하기보다 책을 활용한 사이트 워드 습득을 할 수 있도록 한다. 이러한 진행은 매일 영어 영상물 보기를 1시간 정도 진행하고 사이트 워드북이나 리더스북 읽기를 30분 이상 진행하며 엄마의 영어책 읽어주기와 영어 소리 흘려듣기도 꾸준히 진행하도록 한다.

이 정도 진행이 이루어지면 하루에 영어 노출이 2~3시간 정도가 된다. 매일 꾸준히 진행하다 보면 레벨은 차근차근 올라가게 된다. 앞에서도 강조했듯이 아웃풋을 기대하지 말고 넓고 다양한 리더스북 읽기로 기초를 탄탄히 다지며 진행하도록 한다. 이후 진행은 앞에서 언급한 쉬운 리더스북 읽기, 본격 리더스북 읽기, 챕터북 읽기, 뉴베리 작품과 소설책 읽기로 진행하면 된다.

5~7세에 영어를 시작하는 경우 꼭 명심해야 할 점은 한글책 읽기의 꾸준한 진행이다. 영어는 언어이고 모국어의 탄탄한 기반 없이 높은 수준의 영어책 읽기 단계로 올라갈 수 없음을 기억해야 한다. 따라서 이 시기의 영어 진행은 영어책 읽기와 더불어 한글책 읽기도 함께 꾸준히 할 수 있도록 관심과 주의를 기울여야 한다.

8세~10세에 시작하는 경우 : 문자 노출 경험 있음, 시간적 여유 적음

유아기~7세 시기에 시작하는 아이들의 영어교육 주체가 엄마였다면, 8세 이후에 시작하는 영어교육의 주체는 아이가 된다. 이 시기의 아이들에게는 엄마가 읽어주는 영어동화가 영어교육의 주가 될 수도 없고, 영어동요를 들려준다고 엄마와 함께 뛰고 춤추고 놀기 쉽지 않기 때문이다. 또한, 이 시기의 아이들은 생각하는 틀로서의 모국어가 이미 자리 잡았고 문자를 활용한 교육이 가능하기에, 아이 스스로 듣기와 영어책 읽기의 재미를 찾을 수 있도록 '듣기와 읽기'를 동시에 진행하여 말하기와 쓰기로 이끌어야 한다.

8~10세에 시작하는 영어가 5~7세에 시작하는 영어와 구분되는 큰 이유는 이 시기가 되면 사고할 수 있는 틀로서의 모국어가 단단해지고 초등학교에 입학하고 고학년으로 진급할수록 영어에 투자할 수 있는 시간이 줄어들기 때문이다. 따라서 7세 이전에 시작하는 아이들의 여유 있는 영어 진행과 달리 이 시기는 소나기처럼 퍼붓는 영어 진행이 되어야 한다.

그러다 보니 여유를 즐기기보다는 퍼붓듯이 진행해야 한다는 부담감에 엄마가 아이를 다그치고 조급해하는 경우가 많다. 또한 머리가 커진 아이들도 엄마의 의도대로 영어를 진행하는 게 쉽지 않다. 하지만 10세 이전까지는 여전히 엄마와 함께하는 영어 습득이 쉬운 시기인 만큼, 엄마가 힘들더라도 포기하지 말고 아이를 위해 조금 더 함께 해줘 보자. 이 시기의 진행도 충분한 인풋이 제공되면 아이 스스로 할 수 있는 내공이 생긴다.

1. 언제나 1순위는 듣기 : 자막 없는 영어 영상물 시청하기 1시간+영어동화 읽어주기(선택)+영어동요 들려주기(선택) : (1개월 진행)

어떤 시기에 시작하든 영어의 시작은 '듣기'이다. 그리고 영어의 재미를 느낄 수 있도록 진행해야 한다. 이 시기의 아이들은 문자를 읽을 수 있고 이미 *DVD* 등 영상 매체에 노출이 되어 있다. 그렇기 때문에 이를 활용한 영어 소리 노출을 유도하는 것이 좋다. 영어 영상물 중에 소리가 아주 빠르지 않고 순한 영상물을 선택해 하루 1시간 정도의 영어 흘려듣기를 시작해 본다. 엄마가 읽어주는 영어 동화에 관심을 보인다면 영어동화 읽어 주기를 함께 진행하는 것이 좋다.

하지만 아이들이 엄마가 읽어주는 영어동화를 거부한다면 굳이 함께 진행하지 않아도 된다. 우리 작은아이의 경우 초등학교 저학년 때까지도 엄마가 책 읽어 주는 것을 좋아했었다. 이렇게 엄마가 책 읽어 주는 것을 좋아하는 아이들에게는 영어 동화책 읽어 주기를 함께 진행하면 훨씬 빠르게 영어 진행이 안착할 수 있다.

처음 한 달가량은 매일 한 시간 정도 자막 없는 영어 영상물 보기를 진행한다. 이는 아이들에게 영어 소리를 익숙하게 하면서 영어에 대한 흥미를 붙일 수 있도록 도와주기 위한 것이다. 이 시기에 활용하는 영어 영상물은 속도가 빠르거나 화면이 빠르게 전환하는 작품들은 피하는 게 좋다. 아이들이 좋아할 만한 캐릭터의 작품, 움직이는 영어동화, 〈*Word World*〉, 〈*Between the Lions*〉 같은 파닉스 영상물 등을 활용하는 것도 좋다. 아이가 영어를 거부하지 않는다면 차로 이동할 때 영어동요 소리를 들려주고 엄마가 함께 불러 줘도 좋지만, 아이가 영어동요를 원치 않는다면 강요하지 않는 게 좋다.

2. 소리에 익숙해졌다면 쉬운 리더스북 집중듣기와 혼자 책 읽기를 함께 활용해 본다 : 영상물 등 흘려듣기 1시간+집중듣기 10분~1시간 이상+혼자읽기 10분~1시간 이상

영어 영상물을 통해 영어 소리에 익숙해졌다면 영상물 보기를 계속하며 파닉스(생략 가능), 사이트 워드, 쉬운 리더스북 읽기를 집중듣기로 시도해 본다. 영어라는 소리에 막 익숙해진 아이들에겐 아무리 쉬운 리더스북이라도 처음부터 1시간씩 집중듣기 하는 것은 무리가 있다. 처음에는 하루에 1~2권씩 쉬운 리더스북 집중듣기(10분 내외)를 시작으로 아이가 적응하는 상황을 봐 가며 리더스북 분량을 늘려 간다.

리더스북 집중듣기로 익숙해진 책들은 혼자 읽기를 시도하며 집중듣기 책의 수준을 한 단계씩 올려 본다. 예를 들어 쉬운 리더스북을 집중듣기 한 후 1단계 본격 리더스북 집중듣기를 할 수 있게 되었다면, 영어 영상물 시청(흘려듣기) + 1단계 본격 리더스북 집중듣기 + 쉬운 리더스북(*my first* 단계 등) 혼자 읽기를 함께 진행하는 것이다.

이런 식으로 흘려듣기를 바탕에 깔고 집중듣기 하는 책의 수준과 혼자 읽는 책의 수준을 꾸준히 올리면서 영어 진행 시간을 늘려 가야 한다. 영어를 시작하는 시점이 빠르지 않았던 만큼 처음에 하루 15분~1시간부터 시작한 영어 시간을 하루 3시간까지 끌어올려 영어 인풋의 절대량을 채워가야 한다. 영어 아웃풋에 필요한 인풋의 절대량은 언제나 필수적이기에 늦게 시작했다 하더라도 정해진 인풋의 양은 채워 주어야만 한다.

하지만 하루 3시간의 영어 진행이 되려면, 아이가 영어책 읽기와 영어 영상물 보기에 재미를 느껴 스스로 영상물을 보려 하고 책을 집어 들어야만 가능하다. 이 시기의 아이들은 하루 3시간이 아니라 1시간의 진행도 엄마의 강요에 의해 앉아 있기 힘든 시기이다. 따라서 아이 스스로 재미를 느껴 진행할 수 있도록 쉽고 재미있는 영어 영상물과 영어책으로 끌어 주는 것이 이 시기 영어 성공의 관건이다.

또한 영어동화와 리더스북 읽기로 영어책 읽기 기초를 단단히 다지기 위해 엄마는 아이의 집중듣기가 완전히 자리를 잡을 때까지 옆에서 집중듣기를 함께 도와주는 것이 필요하다. 초등학교 3학년에 시작한 지인의 아이 중에 초반 엄마와 집중듣기를 할 때까지는 영어를 재미있어하다가 엄마 없이 혼자 하는 집중듣기에서 실패해 영어 진행을 힘들어하는 경우도 있었다.

아이가 1시간씩 혼자서 소리를 듣고 문자를 따라 읽을 수 있으려면 자리 잡힌 집중듣기 습관과 아이에게 알맞은 영어책 선택이 필수적이다. 지인의 아이처럼 엄마가 너무 빨리 아이의 집중듣기를 놓아 버린다거나, 충분한 리더스북 읽기가 이루어지지 않았는데 영어책 수준을 올려버린다면, 스스로 하는 영어는 자리 잡기 힘들다.

　리더스북 읽기, 챕터북 읽기, 소설책 읽기로 이어지는 이후의 진행 과정에서도 영상물과 아이가 읽은 책의 오디오 소리 흘려듣기는 함께 진행되어야 한다. 소설책을 영어 소리 없이 혼자서 자유롭게 읽을 수 있게 되면 그때부터는 흘려듣기도 아이가 원하는 방법으로 진행할 수 있다. 실제로 우리 아이들은 중·고등학교 시절 공부하다 지치면 휴식 시간에 자신들이 좋아하는 영어 영상물을 찾아보며 쉬는 시간을 가지곤 했었다.

　8세 이후에 시작하는 영어 역시 한글책 읽기가 얼마나 탄탄하게 병행되는지가 그 성공의 관건이 될 수 있다. 몇 년을 진행해도 영어책 읽기 레벨 상승이 안 된다면, 영어 진행과 함께 한글책 읽기가 제대로 진행되고 있는지 다시 확인해 봐야 한다. 엄마표 영어는 영어 홈스쿨링이 아니라 한글책 읽기라는 모국어의 탄탄한 기반 위에 영어라는 언어를 하나 더 추가하는 것이다. 따라서 한글책 읽기의 레벨 상승 없이 영어책 읽기의 레벨 상승은 기대할 수 없다.

엄마표 영어 원칙 ❹ 아웃풋은 기대하지 말자

"시트콤 연출가의 길은 쉽지 않더군요. (중략) 망한 시트콤 제목에 '뉴'자 하나 더 붙여 만든 게 <뉴 논스톱>입니다. 조인성, 장나라, 양동근, 박경림 등 신인을 기용해서 만든 그 시트콤이 대박이 났습니다. 아무리 공을 들여도 변화가 없는 시기가 한동안 이어집니다. 시트콤이 적성이 안 맞는 게 아니라 아직 노하우가 덜 쌓였던 거예요. 실패의 경험도 자꾸 쌓여야 성공의 노하우로 바뀝니다. 가도 가도 그 상태인 것 같지만 어느 순간 첫 번째 계단을 만나 불쑥 올라갑니다."

—김민식,《영어책 한 권 외워봤니?》중에서

두 아이와 19년 동안 영어를 진행해 보니 아이들은 타고난 성형에 따라 아웃 풋을 보여주는 시기와 방법이 매우 달랐다. 특히 작은아이의 영어 진행은 첫 번째 계단을 만나기까지 너무도 많은 시간이 필요했다. 그 지점에 이르기까지 수많은 고민을 했고 내 방법이 잘못되었는지 자꾸 뒤를 돌아보게 되었다. 그런 데 거짓말처럼 첫 번째 계단을 만나니 영어 실력이 불쑥 올라갔다.

이 '첫 번째 계단'을 만나기 위해 우리가 꼭 거쳐야 하는 것이 있다. 바로 '임계 치'이다. 영어는 임계치에 도달하지 못하면 절대 아웃풋이 나오지 않는다. 그 런데 19년의 영어 진행을 해보니 임계치는 항상 내 눈앞에 있었다. 어느 날 아침 거짓말처럼 아이가 영어로 말을 걸어왔고 생각도 못 했는데 레벨이 쑥 올라가 있었다.

임계치에 도달할 정도의 인풋을 제공한다면 아웃풋은 반드시 나오게 되어있다. 아이들은 많은 시행착오를 반복하며 유창하게 말하는 실력을 갖추게 된다. 엄마가 아웃풋을 기대하는 동안에도 계속 시행착오를 반복하고 있는 것이다. 밴쿠버 올림픽 금메달리스트인 전 피겨스케이팅 선수 김연아는 "99도까지 열심히 온도를 올려놓아도 마지막 1도를 넘기지 못하면 영원히 물은 끓지 않는다."라고 말했다. 영어도 '마지막 1도'를 넘어서야 아웃풋이 나온다.

또한 많은 인풋을 제공했는데도 아이의 아웃풋이 보이지 않는다면 아이가 모르고 있다기보다 아이의 성향 때문일 수도 있다. 완벽주의적인 성격이거나 자존심이 너무 세서 남들에게 못하는 걸 보이고 싶지 않아 표현을 안 하는 아이도 있다. 부끄러움을 많이 타서 표현을 안 할 수도 있다. 아직은 영어보다 우리말이 편해서 표현하지 않을 수도 있다.

어떤 경우든 아이들은 영어를 이해하고 알고 있지만, 환경이나 개인적인 성향 차이로 표현을 미루고 있을 수 있다는 것이다. 이런 아이들도 꾸준한 인풋이 더해지고 말을 해야 하는 필요성을 느끼거나 환경이 변하면 스스로 말을 하게 된다.

김상운은 그의 책 《왓칭》에서 다음과 같이 말했다.

"냄비를 가스레인지에 올려놓자마자 바라보면 아직 끓고 있지 않은 상태다. 끓고 있지 않은 냄비를 자꾸만 바라보는 심리상태는 뻔하다. 마음 한구석에 '이 물은 도대체 왜 이렇게 안 끓는 거지?' 하고 조바심치는 생각이 섞여 있다. 이 생각은 보글보글 끓고 있는 냄비가 아니라, 끓지 않는 냄비의 이미지를 그려낸다. 따라서 냄비 속의 물은 자연이 끓지 않는 냄비 이미지를 읽고 현실로 나타낸다. 조바심치는 얕은 생각보다 이미지가 훨씬 더 강한 것이다. 그러다 보니 끓는 속도가 더뎌질 수밖에…"

집에서 영어 진행을 하다 보면 피드백을 위해 가끔 아이들과 온라인으로 레벨 테스트를 하게 되는데 나도 모르게 마음이 급해질 때가 있었다. 그럴 때면 자꾸 레벨 그래프를 확인하고 레벨 테스트할 기간이 안 되었음에도 '왜 레벨이 안 오를까'라는 생각에 혼자 조바심 내며 고민했던 적이 있었다. 아마 레벨이 안 오를 거라며 마음속에 그려진 이미지가 훨씬 강했던 것 같다. 그런데 마음을 내려놓고 한동안 레벨 테스트를 잊고 지내다 보면 신기하게도 레벨이 쑥 올라가곤 했었다.

아이와 함께하는 영어는 1~2년에 끝나는 단거리 경주가 아닌 10년 이상을 함께 해야 하는 마라톤과 같다. 마라톤을 하며 처음부터 반환점이나 골인 지점에 들어오는 것을 걱정하지 않듯 아이와 함께하는 영어도 아이의 아웃풋을 조바심 내면 끝까지 가기 어렵다.

아이와 함께 영어를 하는 것은 영어라는 언어로 엄마와 아이가 소통하며 유대관계를 쌓아가는 과정이다. 따라서 영어 아웃풋이라는 결과물을 목표로 하기보다 아이와 함께 그 과정을 즐기자.

끊임없는 인풋을 제공하되 아웃풋은 기대하지 하지 않는 것, 이것이 엄마표 영어 성공의 비결이다.

5장.

엄마표 영어를 위한 습관 만들기

하루 2%, 30분이면 아이의 인생이 바뀐다

그동안 주변 사람들에게 엄마표 영어를 많이 추천했다. 많은 사람이 아이와 함께 영어를 시작했고 그중 성공한 사람들의 공통점은 영어 실력이 뛰어난 사람들이 아니라 매일 꾸준히 포기하지 않고 실천한 사람들이었다.

아이와 함께 영어를 해보라고 추천하면 대부분의 사람이 '시간이 없다'라고 한다. 특히 워킹맘들의 경우 퇴근 후 집에 가서 아이들과 저녁을 먹고 설거지를 하고 나면 아이를 재워야 할 시간이라 시간이 부족하다고 한다. 유치원 숙제라도 있는 날이면 퇴근 후 엄마는 더 바쁜 게 현실이다.

나도 직장에 다니며 아이와 영어를 진행했다. 처음부터 매일 영어동화를 읽고 아이와 영어로 대화를 한 것이 아니었다. 처음에는 영어로 대화할 실력이 안 돼서 대화는 시도하지도 못했고 영어동화를 읽어주는 것도 버거웠다. 그래서 가장 쉬운 영어 오디오 들려주기부터 시작했다. 우연히 생긴 영어 교구의 테이프가 있었기에 퇴근하고 잠깐씩 집에서 들려주기 시작했고, 나중에는 차에 테이프를 비치해 놓고 차로 이동하는 시간에 들려주었다.

낮 동안 친정어머니께서 아이를 돌봐주셨기에 아침저녁으로 아이를 어머니 댁에 데려다주며 출퇴근하였는데, 어머니 댁에 아이를 픽업하는 시간이 아이에게 영어를 들려줄 수 있는 가장 좋은 시간이었다. 아침저녁으로 20분 정도 되니까 이때만 활용해도 40분 정도 영어를 들려줄 수 있었다.

처음에는 그냥 들려주다가 차츰 아이 혼자 듣게 하지 않고 나도 함께 신나게 따라 했다. 그리고 영어동화를 배우면서부터는 배운 영어 동화책을 한 권씩 아이와 읽기 시작했다. 한 권 읽는데 10분 내외였으니 아침저녁 오디오 소리와 영어동화 읽어주는 시간만 해도 하루에 1시간 정도는 아이에게 영어 소리를 들려줄 수 있게 되었다. 이렇게 아이와 함께하는 영어 시간을 늘려가서 저녁밥을 준비하는 시간도 오디오를 들려주었고 영어동화 읽어주는 시간도 차츰 늘려갔다.

처음 10분에서 시작한 영어 소리 들려주는 시간이 차츰 늘어나 습관이 되자 나중에는 아이와 함께하는 영어 시간이 2~3시간 정도까지도 가능해졌다. 처음 습관이 될 때까지는 어려웠지만 일단 습관이 들고나니 집에 오면 TV 대신 무조건 영어 오디오부터 켜게 되었고, 잠자리에 누우면 자연스럽게 영어동화를 읽게 되었다.

영어 진행은 꾸준한 습관이 성공을 좌우한다. 하루 30분이면 된다. 이런 영어 환경 만들어 주기 습관은 아이의 인생을 바꿀 수 있다.

"Your habits become your values. Your values become your destiny"

(네 습관은 네 가치가 되고, 네 가치는 네 운명이 된다.)

−간디−

매일 밥 먹듯 엄마표 영어 하기

　지인들에게 아이와 영어를 해보라고 추천하며 노하우를 알려주지만 꾸준한 진행을 하지 못하는 경우가 종종 있다. 대부분은 회식이나 모임으로 한번 흐름이 끊기면 엄마도 아이도 다시 시작하기가 힘들어져서 흐지부지되어버린다고 했다. 습관으로 완전히 자리 잡은 일도 흐름이 끊기면 다시 하기 힘들다. 하물며 이인삼각 경기처럼 아이와 함께해야 하는 영어는 엄마가 흐름을 잃어버리면 다시 시작하기가 쉽지 않다.

　아이와 함께하는 영어가 어려운 이유는 엄마의 영어 실력 때문이 아니다. 불규칙한 식습관이 건강을 해치고 심한 경우 영양실조에 이르게 되듯, 불규칙한 영어 진행이 아이와 엄마에게 나쁜 습관을 만들고 영어를 멀리하게 되어, 결국 영어 진행을 포기하게 되는 것이다.

　회식이 있는 날이면 아침 출근 전에 오디오 소리라도 들려주면 되고 간단한 영어 인사라도 해주면 된다. 매일 진수성찬의 밥을 먹을 수 없듯 매일 몇 시간씩 꽉 찬 영어환경을 만들어 주기는 힘들다. 아주 작은 시간이라도 매일 빠지지 않고 하는 습관의 힘은 실력이 되어 준다. 매일 단 5분이라도 건너뛰지 말고 밥 먹듯 영어를 진행하다 보면 영어에 살이 붙고 건강해지는 것을 느낄 수 있을 것이다.

매일 먹는 밥은 밥맛이 없어도 끼니가 되면 습관적으로 식사를 찾게 된다. 아이와 함께하는 영어도 매일 밥 먹듯이 진행하다 보면 습관적으로 영어책과 영어 소리를 찾게 된다. 영어환경 만들기는 매일 밥 먹듯 빠짐없이 진행해야 끝까지 갈 수 있다.

"We are what repeatedly do. Excellence then, is not an act but a habit"

(우리는 이미 한 것을 반복해서 한다. 탁월함이란 행동이 아니라 습관이다.)

-아리스토텔레스-

나의 영어교육 목표는 무엇인가
: 엄마표 영어를 실천하기 전 점검해 보세요

내게 어떻게 영어교육을 해야 하는지 묻는 지인들에게 항상 하는 질문이 있다.

"아이의 영어교육 목표가 무엇입니까?"

아이와 함께하는 영어는 꾸준히 실천하면 누구나 할 수 있다. 그러나 '하면 좋겠지만 굳이 안 해도 된다.'라는 생각으로 시작한 영어는 그 생명력이 아주 짧다. 아이와 영어를 시작하고 싶다면 먼저 '내 아이의 영어교육 목표'를 확실히 설정하고 시작해야 한다.

"외국인을 만나 영어로 대화만 할 수 있으면 좋겠어.", "남들만큼만 하면 좋겠는데.", "내신 성적을 잘 받았으면 좋겠어.", "수능 1등급만 받으면 좋겠어.", "나중에 유학도 갈 수 있으니까 토플도 잘 나와야 하지 않을까?" 각자 다양한 목표를 이야기하지만 실제로 확실한 영어교육 목표가 있는 사람들은 많지 않다.

출근해야 월급을 받을 수 있는 직장도 아니고, 메달을 따야 하는 시합도 아니다 보니, 그냥 영어를 잘했으면 좋겠다는 생각으로 뚜렷한 목표 없이 시작한 영어교육은 금세 갈 길을 잃어버리고 만다. 목표가 확실하면 힘든 고비를 만나도 꾸준히 걸어갈 힘이 된다.

또한 일반적이며 모두가 알고 있는 사교육이나 공교육이 아닌, 엄마표 영어의 길을 가려면, 이 길을 왜 가야 하는지에 대해 자신을 납득시킬 이유를 분명히 알고 있어야 한다. 더욱이 아이가 초등학생 이상이라면 아이가 힘들어할 때 이해시키고 함께 꾸준히 나가야 하기에 더 확실히 그 이유를 알고 있어야 한다.

'내 아이의 영어교육 목표'와 '아이와 함께하는 영어를 실천하려는 이유'를 정확히 알게 되었다면, 이제 영어 진행의 절반은 성공한 것이다. 엄마가 특별히 영어를 잘하지 못해도 명확한 목표 설정과 하겠다는 뚜렷한 의지만 있다면 결실은 반드시 따라오게 된다. 그러니 스스로 의심하지 않았으면 좋겠다. 의심이 들기 시작하면 엄마도 아이도 힘들어진다.

나를 포함해 내 주변인 중에 아이와 함께하는 영어를 성공한 사람들의 공통점은 영어를 잘하는 부모가 아니라, 의심하지 않고 꾸준히 실천해 나간 사람들이라는 것이다. 아이들은 엄마의 마음을 금세 눈치챈다. 엄마가 헤매고 망설이면 아이도 같이 헤매고 힘들어한다. 스스로 분명한 기준을 정해놓고 지켜나간다면 흔들리더라도 다시 일어서 아이와 함께할 수 있을 것이다.

첫째, 멀리 내다보고 여유를 가지자.

아이와 함께하는 영어는 1~2년 안에 끝내야 하는 시험공부가 아니다. 천천히, 꾸준히 여유를 가지고 가보자. 마음이 조급할수록 아이를 다그치고 엄마는 지치게 되며, 엄마가 지치면 영어 진행은 힘들어진다. 매일매일 에너지를 충전하고 내 아이의 미래를 위해 여유를 가지는 것이 중요하다.

둘째, 아이의 눈높이에 맞추고 엄마가 좋아하는 것이 아닌 아이가 좋아하는 것 위주로 진행하도록 한다.

특히 영어를 잘하는 엄마 중에 자신의 눈높이에 맞춰 영어책을 선별하거나 듣기 교재를 고르는 경우가 있는데, 아이와 함께하는 영어는 엄마의 취향보다 아이가 좋아하고 재미있어하는 것 위주로 진행해야 한다.

셋째, 다른 아이들과 우리 아이를 비교하지 말자.

사실 이 부분이 부모들에게는 가장 힘든 부분일 수 있다. 아이와 함께하는 영어는 다른 아이와 우리 아이의 경쟁이 아니라 우리 아이의 '영어 행복 프로젝트'라는 사실을 잊지 않았으면 좋겠다. 늦더라도 포기하지 않으면 골인 지점은 같다는 사실을 기억하자.

넷째, 영어는 언어이고 언어는 의사소통의 수단임을 잊지 말자.

영어는 '목표'가 되는 순간 스트레스가 되고 만다. 의사소통의 수단인 영어를 습득하는 데 많은 시간이 소요되는 만큼 그 '과정'을 즐겨야 한다. 아이와 함께 하는 시간은 의무적으로 해야 하는 엄마의 숙제가 아니라 아이와 함께 누릴 수 있는 소중한 선물임을 잊지 말았으면 좋겠다.

다섯째, 영어 인풋을 쏟아붓고 아웃풋이 없다고 포기하거나 기다리지 말자.

가랑비에 옷 젖듯이 꾸준히 진행하면 아웃풋은 반드시 나타난다. 아웃풋을 기다리다 보면 조급해지고 영어 진행을 지속할 수 없다. 영어는 임계치에 도달해야 아웃풋이 나오게 된다. 눈앞에 임계치가 있는데 아웃풋이 없다고 포기하는 실수는 하지 않았으면 좋겠다.

여섯째, 모국어를 잘하는 아이가 영어도 잘한다는 사실을 꼭 기억하자.

아이와 영어를 한다는 것은 영어만 잘하는 아이로 키우는 것이 아니다. 한국어의 기반 위에 영어라는 언어를 하나 더 추가하는 것이다. 한글책의 기반 없이는 높은 수준의 영어책을 읽을 수 없고 언어로서의 영어를 습득할 수 없다. 꾸준한 한글책 읽기는 성공적인 영어 습득 여부를 좌우하는 중요한 열쇠이다.

모국어를 잘하는 아이가 영어도 잘한다
: 한글책 읽기

　한글책을 많이 읽은 아이들은 영어 습득도 빠르다. 한글책 읽기를 통해 습득한 어휘력과 이해력이 영어 습득에 아주 중요하기 때문이다. 가끔 영어책을 엄청나게 읽는데도 영어 레벨 상승이 안 돼서 어려움을 겪는 아이들이 있다. 이런 경우는 대부분 한글책 읽기의 기반이 부실한 경우가 많다. 특히 영어 레벨이 올라갈수록 아이가 영어책 읽기를 힘들어한다면 한글책 읽기가 제대로 되고 있는지 다시 한번 되돌아봐야 한다. 영어는 언어이고 단단한 한글책 읽기의 기반 없이는 영어도 잘할 수 없다.

　나 역시 아이들이 책 읽기를 할 때 한글책과 영어책의 균형 잡힌 독서를 위해 항상 신경을 썼다. 아이들에게 책을 읽어 줄 때도 마찬가지였다. 물론 어떤 날은 아이들이 한글책만 읽고 싶어 하는 날도 있었고 그 반대의 경우도 있었다. 가능하면 아이들의 의견을 존중해 주었지만, 아이들에게 "오늘은 한글책을 많이 읽었으니 내일은 영어책을 좀 더 읽어 줄게." 이렇게 이야기하면 아이들도 흔쾌히 동의해 주었다.

아이들이 혼자 책 읽기를 할 때도 마찬가지였다. 방학은 아이들에게 최적의 책 읽기 시간이었다. 이 시간을 잘 활용할 수 있도록 방학 전에 아이가 읽을 한글책과 영어책을 미리 알아보고 준비해 주었다. 한글책은 구매와 대여를 적절히 활용했다. 단행본은 집 근처 도서관을 주로 이용했고 전집은 유료 대여 서비스를 많이 활용했다. 한글책에 비해 반복 읽기를 좋아했던 영어책은 대여보다는 구매를 많이 했는데, 방학이 시작될 즈음 우리 집에는 큰 책 상자가 몇 개씩 배송되곤 했었다.

대부분의 아이는 한글책에 비해 영어책 읽기를 즐겨 하지 않는데 우리 작은아이는 그 반대의 경우였다. 영어책 읽기는 좋아했지만, 한글책 읽기는 즐겨하지 않았고 혼자서는 한글책을 잘 읽으려 하지 않았다. 그래서 작은아이를 위해 초등학교 3학년 때까지 소리 내어 책 읽기를 해 주었다. 매주 주말 오후는 무조건 아이와 도서관에 가는 시간으로 정했다.

우리 집은 집안 대부분을 책꽂이가 차지할 정도로 책이 많았다. 아이들과 영어를 하며 영어책 못지않게 한글책 독서가 중요하다는 사실을 깨닫게 되었기 때문이다. 아이들이 읽을 한글책과 영어책으로 집안 곳곳을 가득 채웠다. 이사를 할 때면 일하시는 분들이 많은 양의 책 때문에 당황해하기도 했다.

처음 아이들과 영어를 하겠다고 했을 때 남편은 조기 영어교육의 단점에 대해 먼저 이야기했다. 그리고 아이들이 아웃풋을 보이지 않고 나 혼자 영어로 떠들며 원맨쇼를 할 때도 남편의 반응은 시큰둥했다.

"외국에 가서 사는 것도 아니고 국내에서 그렇게 한다고 영어가 가능할까?"

하지만 남편은 많은 책으로 집안을 가득 채울 때 '반대를 위한 반대'를 하지 않았다. 내 영어 교육관에 대해 반신반의했지만 반대를 위한 반대가 아닌 그저 지켜보는 것으로 응원을 했다고 해야 할까? 만약 남편이 집안 가득 책 채우기를 반대했다면 19년의 영어 진행을 완주하기 힘들었을지도 모른다. 아이들과 영어 진행의 기본은 '책' 이었고, 아이들은 '책'을 통해 자존감 있고 스스로 사고할 수 있는 아이들로 성장했으니 말이다.

아이들이 영어를 습득할 수 있었던 중심은 '책 읽기'이고 책 읽기는 영어책뿐만 아니라 한글책 읽기도 포함한 개념이다. 영어는 언어이고 모국어인 한글책 읽기의 단단한 기반 없이는 영어를 잘할 수 없다. 엄마표 영어를 진행할 때는 영어책 읽기와 더불어 충분한 한글책 읽기가 반드시 함께 진행되어야 한다.

"Dreams, books, are each a world"
(책은 한 권 한 권이 하나의 세계다.)
- 윌리엄 워즈워스 -

우리 집 영어도서관 만들기
: 아이 주변에 항상 책을 두세요

어려서부터 우리의 집 영어 진행을 지켜본 지인이 어느 날 내게 물었다.

"혹시, ○○네 집으로 우리 아이들 한 달만 캠프 보내면 안 될까? 내가 비용은 확실하게 지급할게! 그냥 하는 말 아니고 한번 생각해 봐."

우스갯소리로 넘겼지만, 지인은 진심으로 우리 집에 아이를 영어연수 보내고 싶다고 했다.

우리 집의 엄마표 영어 환경이 부럽다며 제안한 것인데, 우리 아이들은 초등학교 입학 후로는 나와 영어로 대화하지 않았다. 그럼 매일 영어로 대화가 이루어지는 것도 아닌 우리 집에 왜 아이들을 영어연수 보내고 싶었을까?

바로 영어 도서관 같은 우리 집의 책 읽는 '환경' 때문이었다. 우리 아이들이 영어를 습득할 수 있었던 중심은 '책'이다. 영어로 듣고 말하는 게 기본일 거 같은데 왜 책일까 이상하게 생각할 수도 있겠지만, 영어가 모국어가 아닌 우리나라에서 가장 효과적인 영어교육 교재는 책이었다. 그렇다고 우리가 학교 다니며 공부했던 문법, 독해, 수험서를 의미하는 것은 아니다. 어려서는 영어동화가 중심이었고, 아이들이 글자를 읽기 시작하면서부터는 스스로 읽을 수 있는 각종 리더스북, 챕터북, 소설, 지식 류의 책이 그 중심이었다.

물론 모든 책은 '소리'와 함께 했다. 그러다 보니 우리 집은 다양한 종류의 영어책들이 많았고, 아이들 스스로 영어책을 찾아 읽는 영어도서관 같은 우리 집 분위기가 부러웠다고 했다.

책이 많다고 책 읽는 분위기가 형성되는 것은 아니다. 그것도 한창 뛰어놀 시기의 아이들이 스스로 영어책을 찾아 읽는다는 것은 우리나라에서 흔하게 볼 수 있는 일은 아니다. 그럼 영어도서관 같은 우리 집 영어책 읽기 환경은 어떻게 만들어졌을까?

우리 집은 거실에 TV가 없다. 예전에는 우리 집도 거실에 TV가 중심을 차지하고 있었다. 당연히 가족들은 거실에 모여 TV를 보았다. 하지만 아이들과 영어를 시작하면서 집안을 책 읽는 환경으로 바꾸기로 마음먹고 거실의 TV를 없애고 거실 벽 전체를 책꽂이로 채웠다. 그리고 책꽂이마다 책을 채워 나가기 시작했다.

거실을 다 채운 책들은 안방 책꽂이 그리고 아이들 방까지 채워졌고 집안 곳곳이 책으로 가득 차자 아이들은 언제든 손만 뻗으면 책을 읽을 수 있었다. 책꽂이에는 한글책과 영어책이 빼곡히 쌓여 있었으며, 아이들과 나는 이 책들을 닳도록 읽었다. 특히 어려서부터 읽은 영어동화는 손때가 묻고 닳아서 너덜너덜해진 책들도 많다.

우리 집의 영어 도서관 분위기를 만들었던 방법 몇 가지를 소개해 보면 다음과 같다.

첫째, 전문 서점용 접이식 책꽂이(선반)를 활용하는 것이었다.

영어책 중에는 보드북이 아닌 아주 얇은 몇 페이지짜리 책들이 아주 많다. 이 책들은 일반 책꽂이에 꽂아 두면 아이들 눈에 잘 띄지 않아 아이들이 보기가 쉽지 않다. 그래서 아이들 눈에 잘 띄게 하려고 전문 서점에 부탁해 접이식 책꽂이(선반)를 별도로 구입해 거실에 놓고 활용하였다. 책꽂이 속에 책을 숨겨 놓는 게 아니고 책을 아이들 눈에 띄게 배치해 놓은 것이다. 요즘은 이런 접이식 책꽂이를 인터넷으로도 쉽게 구할 수 있으니 필요하면 활용해 보는 것도 좋을 것이다.

둘째, 아이들과 책 읽기를 할 때 책을 치우기보다 아이들 주변에 책을 그대로 두는 것이었다. 나의 경우엔 퇴근 후 아이들과 책 읽기를 하는 경우가 대부분이고 특히 아이와 잠자리에 누워서 책을 많이 읽었는데 이렇게 읽고 난 책은 다시 책꽂이에 꽂아 두는 것이 아니라 아이 주변에 며칠씩 그냥 놔두었다. 아이들 주변에 전에 읽었던 책이 있으면, 아이들은 그중 맘에 들었거나 재미있게 읽은 책을 다시 읽어달라고 가져오곤 했었다. 이것은 영어책 읽기에서 가장 중요한 아이들 성향 파악하는 데도 도움이 많이 되었다.

그러다 보니 우리 집은 어딜 가도 책 더미가 많았다. 이렇게 며칠씩 놔두다가 기간을 정해놓고 다시 책을 바꿔 주곤 했는데, 소위 반복과 새 책 읽기를 위한 나만의 방법이었다.

셋째, 아이들과 일주일에 한 번 이상은 오프라인 영어서점에 같이 방문하여 아이들이 좋아하는 성향의 책을 골랐다. 온라인 구매는 장점도 많지만, 대부분은 엄마 성향에 따라 책을 고르기 쉽다. 따라서 아이들의 성향을 파악하고 신간 도서도 접할 수 있으며 책이 가득한 곳에서 뿜어내는 책의 기운을 느끼기 위해 아이들과 기간을 정해 영어서점을 방문하곤 했다. 실제로 아이들은 영어서점 가는 날을 좋아하고 기다리곤 했었다.

넷째, 아이들이 스스로 책을 읽기 시작하면서부터는 아이들에게 읽기용 책이 떨어지지 않게 하는 것이 나의 일이었다. 특히 방학 시작 전에는 한글책과 영어책 구입을 위해 인터넷 서점을 폭풍 검색해야만 했다. 방학은 아이들이 집중해서 책 읽기 좋은 시기로, 방학 기간 동안 책 읽기가 아이의 읽기 레벨 상승에 아주 효과가 컸기 때문이다.

방학에 읽을 책은 한글책의 경우 대여하는 책과 구입하는 책의 비율을 반반 유지하였고, 대여하는 책의 경우 대여 기간을 한 달 이상 넉넉하게 잡아 다양한 종류의 전집을 대여하였다. 영어책의 경우 좀 더 신경을 많이 써야 했다. 그 당시는 아직 우리나라에서 검증된 영어책들이 많지 않아, 매일 밤 영어 서점에 들어가 일일이 내용을 살펴보고 오디오 *CD*가 있는지도 확인해야만 했다.

보통은 방학이 시작하기 전 20권~30권 정도의 챕터북 세트를 2~4세트 정도 구입했는데, 책의 내용도 재미 위주의 책과 지식 부류의 책을 골고루 골라 편향된 책 읽기가 되지 않도록 배려하였다. 이렇게 다양한 책을 미리 준비했다가 방학이 시작되면 아이들에게 각 책의 특성이나 캐릭터 등을 간단히 얘기해 주고 그다음부터는 아이들이 스스로 알아서 읽도록 하였다.

환경은 습관을 만들며 책 속에서 자란 아이는 책을 좋아한다. 영어책 읽기 습관을 만들기 위해서는 집안 환경을 도서관처럼 책으로 가득 채워 책을 가까이 할 수 있게 만들어 주는 것이 중요하다. 거실의 중심을 커다란 *TV*가 차지하고 있는 환경에서는 *TV*를 볼 확률이 높지만, 거실의 중심을 책이 가득 꽂힌 책꽂이가 차지하고 있다면 책을 먼저 집어 들 확률이 높아지기 때문이다.

엄마표 영어의 중심은 '책 읽기'이고 책 읽기를 위한 최적의 환경 만들기를 위해 항상 아이 가까이에 책이 있어야 한다. 아이가 영어책을 가까이할 수 있도록 해주는 것은 영어 진행을 위한 환경 만들기의 기본이다.

"책은 꿈꾸는 것을 가르쳐주는 진짜 선생이다."
- G.바슐라르 -

그래도 다시 시작한다

아이와 함께하는 영어 진행은 단거리 달리기가 아닌 긴 마라톤이다. 한 번도 가 본 적 없는 길이기에 가다 보면 힘들고 지칠 때가 있다. 주변에서 조기 영어 교육에 대해 편치 않은 시선을 보내거나 영어책 구입을 마땅치 않아 하는 가족 이 있다면 더욱더 그러할 것이다. 하지만 넘어지더라도 다시 시작하면 된다. 포기하지만 않으면 끝까지 완주할 수 있다. 남들보다 빨리 가는 것보다 중요한 것은 중간에 포기하지 않는 것이다.

큰아이와 작은아이는 두 살 터울이다. 큰아이가 돌이 될 무렵 영어를 시작했 으니 작은아이는 태교 때부터 영어를 들었다. 큰아이는 여자아이로 우리말도 빨랐고 말수도 많은 편이었지만, 작은아이는 남자아이로 우리말도 느렸고 말 수가 적은 편이었다. 한국말이 느리다 보니 당연히 영어도 느렸다.

이번에 엄마표 영어에 관한 책을 쓰고 싶다고 생각하게 된 것도 작은아이와 의 영어 진행기가 크게 작용했다. 아이와 함께하는 영어 진행은 모든 아이가 똑같지 않다. 더 많이 기다려주어야 하는 아이도 있다. 그런 아이도 포기하지 않으면 언젠가는 아웃풋을 보이게 된다.

두 아이의 성향이 다르다 보니 영어 진행도 아주 달랐다. 우리말이 느린 작은 아이는 영어를 듣고 있는 게 맞나 싶을 만큼 아웃풋을 보여주지 않았다. 10개월쯤 되었을 때 내가 큰아이와 매일 부르던 노래를 듣고 율동을 따라 하는 것을 보며 좀 늦더라도 하면 되겠구나 싶은 생각이 들었다. 어차피 큰아이가 있으니 영어책 읽고 노래 부를 때 함께 해주며 영어환경을 만들면서 기다렸다. 큰아이와의 영어 진행을 통해 꾸준한 인풋이 있으면 아웃풋이 있다는 것을 경험했기에 조금 느리더라도 끝까지 기다려보겠노라 다짐했다.

하지만 작은아이는 큰아이처럼 나를 감동하게 하는 영어 문장을 쉽게 뱉어내지 않았다. 영어로 말하면 알아듣는 것 같긴 했지만 스스로 먼저 말을 걸거나 영어책을 읽어 달라고 가져오는 경우도 거의 없었다. '이렇게 느린 아이도 영어로 말을 할 수 있을까?' 차츰 불안해지기 시작했고 영어도 우리말처럼 습득할 수 있다는 내 신념에도 의심이 들기 시작했다. 설상가상으로 남편은 내게 큰아이보다 작은아이에게 관심을 덜 쏟아서 그런 것이라고 하기도 했다.

그래서 다시 책을 읽기 시작했다. 작은아이와 비슷한 성향의 아이들을 키운 선배들의 경험담이 담긴 책, 책 읽기에 관한 책, 아이의 성장 과정에 관한 책 등 처음 아이를 키우는 것처럼 다시 작은아이를 위한 영어 진행을 시작했다.

그리고 작은아이를 데리고 영어 서점에 가서 영어책을 다시 고르기 시작했다. 화려한 색깔의 그림과 스토리 위주의 책을 좋아했던 큰아이와 달리 작은아이는 자동차와 공룡 그리고 차분하고 따뜻한 스토리의 작품들을 좋아했다. 그렇게 다시 시작하는 기분으로 작은아이의 성향을 알아 가는 데 집중했다.

그러던 어느 날 퇴근해서 집에 오니 어머니께서 물으셨다.

"○○가 아침마다 *TV*를 보고 혼자 웃으면서 꼼짝을 안 하는데 그게 뭔지 모르겠다."

'그래? 뭘 보는 거지?' 큰아이에게 물어보았다.

"○○아, 동생이 아침마다 재미있게 보는 프로그램이 있어?"

"네, 엄마. ○○가 아침마다 니켈로디언에서 하는 〈도라 익스플로러〉(*DORA the EXPLORER*)를 보는데 엄청 좋아해요."

지금은 유튜브나 스마트폰 앱으로 간편하게 영어 애니메이션을 볼 수 있지만, 당시는 영어 애니메이션이 많지 않아서 다양한 자료를 찾다가 니켈로디언(*Nickelodeon*) 채널을 발견해 활용하고 있었다. 작은아이가 그중 한 프로그램에 흥미를 붙인 것이었다.

"○○야, 엄마가 궁금해서 그러는데 혹시 '도라' 알아?"

그때부터 그렇게 말이 없던 아이의 영어 말문이 터졌다. 본인이 좋아하는 '도라'라는 캐릭터에 대해 영어로 본 내용을 내게 줄줄 이야기하는 게 아닌가! 작은아이가 4살쯤 되었을 때니까 태교 때부터 생각하면 4~5년 만에 아웃풋을 보여준 것이었다.

큰아이와 먼저 영어를 진행해봤으니 작은아이는 큰아이 때처럼 하면 쉽게 될 줄 알았다. 그런데 작은아이와의 영어 진행은 나에게 전혀 다른 영어 진행을 경험하게 하였다.

이처럼 아이마다 영어를 받아들이고 아웃풋을 보여주는 시기는 각각 다르다. 조금 빠른 아이도 있고 조금 느린 아이도 있을 수 있다. 하지만 속도의 차이가 있을 뿐, 꾸준한 영어환경을 제공하고 영어에 노출한다면 대부분의 아이가 우리말을 습득하듯 영어도 습득할 수 있다. 누구에게나 시련은 찾아온다. 하지만 포기하지 않고 다시 시작하면 끝까지 갈 수 있다. 부모의 노력과 기다림이 필요한 이유이다.

영어로부터 자유로운 아이는 뛰어난 아이와 엄마가 만들어 내는 것이 아니라, 노력하고 기다려주는 엄마와 아이가 만들어 내는 것이다. 같은 영어환경과 같은 양의 인풋을 제공한다면 언어적 감이 더 뛰어난 아이의 영어 아웃풋이 빠르고 유창할 수 있다. 하지만 우리가 비교해야 하는 것은 아이의 타고난 언어 능력이 아니라 아이에게 제공하는 영어환경과 인풋의 양이다.

조금 느린 아이도 같은 양의 영어 인풋을 제공한다면 원어민 수준의 의사소통 능력을 갖출 수 있다. 더 높은 수준의 책을 읽고 사고하는 것은 그다음 문제이다.

아이와 함께 영어를 하다 보면 뿌연 안갯속을 지나는 것처럼 지치고 포기하고 싶어지는 순간이 온다. 그럴 때면 잠시 쉬었다 다시 시작하면 된다. 포기만 하지 않으면 결승점에 다다를 수 있다.

"I walk slowly, But I never walk backward"

(나는 천천히 걷지만, 절대로 뒤로 걷지는 않는다.)

-링컨-

엄마표 영어 원칙 ❺ 영어동화, 엄마가 먼저 읽어야 한다

유아영어독서지도사 과정을 함께 했던 선생님 중에 나보다 먼저 아이와 함께 영어 진행을 하신 분이 언젠가 이런 말씀을 하셨다.

"아이들이랑 책 읽기 할 때, 엄마가 꼭 먼저 읽어 보는 게 좋아. 전에 바빠서 내가 읽어 보지 않은 책을 아이들이랑 읽은 적이 있었거든. 그때 모르는 단어가 있어서 이상하게 읽었더니 아이들이 그 부분만 나오면 이상하게 읽더라고."

엄마의 발음이 이상해서 아이들이 이상하게 읽었다는 의미가 아니라, 엄마가 이상하게 읽은 부분을 아이들이 캐치하고 똑같이 따라 했다는 이야기였다. 엄마의 발음이 좋지 않은 것은 얼마든지 영어 오디오 소리로 교정 가능하니 걱정할 필요가 없다. 나도 토종 한국인으로 영어 발음이 그다지 좋은 편이 아니다. 하지만 우리 아이들의 영어 발음은 원어민의 발음과 거의 비슷하다. 문제는 위에 선생님처럼 준비 없는 엄마가 이상하게 읽은 영어를 아이들이 금방 알아챈다는 것이다.

아이에게 읽어 주는 영어동화의 내용이나 단어를 엄마가 잘 모르고 있으면 동화책을 읽을 때 아이가 하는 질문에 적절하게 대답하고 대화를 이끌 수 없다. 아이의 질문에 화를 내고 대충 얼버무려 아이의 호기심이나 상상력을 위축시키게 되어 영어책 읽기의 재미를 빼앗아 버릴 수 있다.

조언을 들은 뒤부터는 아이와 함께 읽을 영어책은 미리 내용을 읽고 소리도 들어봤다. 특히 영어 동화책은 노래나 챈트 오디오를 포함하고 있는 경우가 많아서, 먼저 들어 본 노래와 챈트를 아이들과 책 읽기 전에 먼저 들려주는 방법으로 활용했었다. 유아기의 아이들은 소리에 민감하여 이렇게 소리를 먼저 듣고 재미있다고 느낀 책들은 몇 번이고 반복해서 읽어 달라고 했다.

순수 동화에는 처음 보는 단어들이 등장하거나 발음이 좀 어려운 단어들도 종종 있었다. 그래서 먼저 동화를 읽고, 모르는 단어는 찾아 소리 내어 말해 본후에 아이들에게 읽어 주곤 하였다.
예를 들어 유명 작가인 에릭 칼의 영어동화 《Polar Bear, Polar Bear, What Do You Hear?》는 작가의 다른 작품인 《Brown Bear, Brown Bear What Do You See?》와 비슷한 패턴으로 구성된 작품이다. 《Brown Bear, Brown Bear What Do You See?》가 워낙 쉽고 대중적인 작품이라 이를 먼저 접하고 비슷할 거라는 생각으로 《Polar Bear, Polar Bear, What Do You Hear?》를 준비 없이 읽어주면 낭패를 볼 수 있다.
그 이유는 《Polar Bear, Polar Bear, What Do You Hear?》에 나오는 단어들 때문인데 'hippopotamus(하마)', 'Boa Constrictor(보아 뱀)' 같이 익숙하지 않은 단어들을 먼저 읽어 보지 않은 채 책을 펼치게 되면 아이와 영어책을 읽다가 대충 얼버무리거나 그냥 책을 덮을 수도 있다.

영어동화뿐 아니라 *DVD* 등 영어 영상물도 마찬가지였다. 사전 준비 없이는 아이들 질문에 답하지 못할 *DVD*도 가끔 있었다. 그래서 영어 *DVD*를 구입할 때는 가능하면 대본(*script*)도 함께 제공되는 것을 구입해서 먼저 대본을 보고 내용을 파악한 후 함께 시청하는 방법으로 활용하였다.

영어동화나 *DVD*는 엄마가 먼저 보고 내용을 알고 있어야 효과적인 활용을 할 수 있다. 먼저 내용을 파악하고 모르는 단어와 문장이 있다면 미리 확인함으로써 효율적인 영어 진행을 이끌 수 있다.

6장.

이런 게 궁금해요

아이가 영어를 거부해요

'왜 우리 아이는 영어를 거부하는 것일까?' 아이와 영어를 진행하다 처음 만나게 되는 영어 거부 현상은 부모에게 좌절감을 느끼게 하고 아이의 영어교육 자체를 포기하고 싶어지게 한다. 하지만 아이들이 영어 거부 현상을 보이는 이유는 영어가 싫다기보다는 우리말이 더 자연스러우며 영어가 익숙하지 않다는 표현일 수 있다.

아이를 키우다 보면 잠투정이 심한 아이들을 볼 수 있다. 영어 거부 현상은 아이의 잠투정과 같은 것이다. 잠투정을 하는 이유는 당시 아이의 컨디션이 안 좋거나 뭔가 불편한 게 있다는 의미이다. 영어 거부 현상도 아이의 컨디션이 안 좋거나 영어를 받아들이는 데 불편하고 익숙하지 않기 때문이다.

아이가 영어 거부 현상을 보인다면 초조해하지 말고 이를 받아들이고 조금 천천히 돌아간다고 생각해보자. 내 아이에게만 오는 이상한 현상이 아니라 영어를 제2외국어로 습득하는 모든 아이가 거치는 과정이라는 생각으로 이를 받아들이고 영어뿐 아니라 아이의 모국어 발달 상태와 성향을 다시 한번 점검해 보도록 한다.

이런 아이들은 대부분 모국어와 영어의 수준 차이가 큰 경우가 많다. 다시 말하면 우리말이 빠른 아이들의 경우 일시적으로 영어 거부 현상을 보일 수 있다는 것이다. 또한 영어 노출 시기가 늦은 경우도 한국말이 너무 편안한데 전혀 알아듣지 못하는 영어를 접하다 보니 일시적인 거부 현상이 나타날 수 있다. 영어가 어느 정도 진행되었을 때도 마찬가지이다. 한국어처럼 편안하게 의사소통 할 수 있는 언어가 있는 상황에서 처음에 호기심으로 받아들인 영어가 점점 어려워지면서 하기 싫다는 반응을 보일 수 있다.

이런 경우 일단 엄마가 마음을 내려놓고 아이의 영어 거부 현상을 받아들이면서 대화로 아이의 상태를 파악하도록 한다. 엄마가 보기에 쉬운 단계라도 아이가 어려워한다면 영어 진행 단계를 1~2단계 낮춰 주자. 그리고 새로운 동기 부여를 위해 또래 아이와 영어모임을 찾아보는 것도 좋은 방법이다. 또한 영어를 거부하는 아이와 매일 영어동화를 읽고 노래를 부르기보다는, 아이가 좋아하는 한글책을 읽어주며 아이와 별개로 엄마가 재미있게 영어책을 읽는 모습을 자연스럽게 노출해주어 아이가 다시 흥미를 느낄 수 있도록 해주는 것이 좋다.

다만 영어 거부 시기에 영어의 직접적인 상호작용이나 강요는 하지 않더라도, 영어동요나 영어 소리를 조금씩이라도 들려주며 영어의 끈을 놓지 않고 극복해 나가도록 해야 한다. 더불어 이 시기에 엄마의 불안한 마음을 아이가 눈치채지 않도록 주의해야 한다. 아이의 영어 거부 현상은 잠깐 스쳐 지나갈 수 있음에도 엄마의 불안한 마음이 아이와의 영어 진행을 포기하는 자기 합리화가 되어서는 안 될 것이다.

영어를 처음 접하는 아이들에게 영어를 거부하는 시기는 누구에게나 찾아온다. 영어 거부 현상을 보일 때 초조해하거나 포기하려 하지 말고 누구에게나 찾아오는 자연스러운 현상으로 받아들이고 한발 물러나 아이를 기다려주는 태도가 중요하다.

엄마표 영어 권태기가 왔어요

현실에서 엄마가 해야 할 일은 너무 많다. 육아, 직장일, 집안일, 시댁과 친정일 등 아이의 영어보다 더 신경 쓰이고 다양한 일들이 일상에 널려 있다. 일이 있어 하루 이틀 건너뛴 영어 진행은 일주일, 한 달 동안 쉬는 경우도 있고 이런 상황이 반복되면 영어 진행에 권태기가 찾아올 수 있다.

이런 권태기를 극복하는 가장 좋은 방법은 생활의 1순위를 아이와 영어책 읽기로 정하고 적은 시간이라도 매일 빠짐없이 영어를 진행하는 것이다. 습관의 힘은 그 어떤 것보다 대단하다. 아이와 책 읽기가 습관으로 안착하면 권태기가 오더라도 빠르게 극복할 힘이 되어 준다.

영어를 진행하는데 권태기는 아이의 영어 거부 현상 때문에 올 수도 있다. 처음에는 곧잘 따라 하던 아이도 레벨이 높아지면 영어책 읽기보다 다른 데 관심을 가지고 책 읽기를 즐겨 하지 않는 경우가 있다. 또한 한참 영어책을 잘 읽고 따라와서 레벨을 올렸는데 아이가 책 읽기를 싫어하는 경우도 있다. 영어 권태기가 왔다면 먼저 엄마가 아이에게 어떻게 대하고 있는지를 되돌아보아야 한다. 처음에는 아이와 즐기자고 시작했던 엄마표 영어가 항상 그 자리인 것 같은 상황이 반복되면, 엄마는 자기도 모르게 아이에게 짜증을 내고 영어책 읽기를 의무적으로 하고 있을 가능성이 높다.

이럴 때는 초심으로 돌아가야 한다. 아이와 영어를 진행했던 선배들 대부분이 안개 속을 걷는 것 같은 시기를 다 지나왔다. 그 시기를 지나야 맑은 하늘을 볼 수 있기에 포기하지 말고 초심으로 돌아가 엄마의 마음 상태를 다시 잡아야 한다. 먼저 아이의 한글책 읽기와 영어 리더스북 읽기를 되돌아봐야 한다. 한글책 읽기 수준이 영어책 읽기 수준에 못 미치거나 영어 리더스북 등 낮은 단계 책 읽기의 기초가 탄탄하지 못하면 영어책 읽기에 재미를 느낄 수 없기에 책 읽기 거부 현상을 보일 수 있다.

또한 DVD 등 영상매체 보기가 집중들기나 엄마와 책 읽기보다 재미있을 수도 있고, 간혹 영상물에 너무 빠진 경우도 책 읽기를 거부할 수 있다. 이때는 영상매체 보기를 중단하고 아이와 대화를 해 보는 게 좋다. 또한 읽기용 책을 새 책으로 바꿔주거나 레벨을 낮춰 엄마가 함께하며 아이가 책 읽기 재미를 다시 느낄 수 있도록 해주는 것이 좋다.

아이와 함께 영어를 하다 보면 도중에 여러 번의 권태기가 찾아오게 된다. 이런 권태기가 왔을 때 혼자 고민하다 포기하지 말고 전문가나 책의 도움을 받고 한걸음 쉬어 간다는 심정으로 천천히 진행해 보도록 하자.

영어권태기는 엄마가 영어를 잘하고 아이가 뛰어나더라도 모든 영어 진행에서 거치게 되는 사춘기 같은 시기이다. 사춘기를 슬기롭게 겪어 내면 더욱 성숙한 아이로 성장하듯, 영어 진행도 권태기에 포기하지 않고 슬기롭게 이겨 낸다면 더 단단하고 수월한 영어 진행을 이끌 수 있다.

조기 영어교육, 너무 일찍 시작하면 우리말에 문제가 생기는 건 아닐까요?

모든 일에서 욕심은 화를 부를 수 있다. 하지만 이것은 조기 영어교육의 문제라기보다 부모의 조급한 마음이 문제이다.

모국어와 영어라는 두 가지 언어 습득을 목표로 두게 되면 부모의 마음이 조급해질 때가 있다. 이런 조급한 마음에 아이를 채근하고 밀어붙이기식의 영어 진행을 하게 되면, 모국어 발달 장애뿐 아니라 아이의 인성이나 정서적인 면에서도 부작용이 있을 수 있다.

또한 조기 영어교육에서 중요한 것은 '균형'을 유지하는 것이다. 교육자인 부모가 우리말과 영어 사이에 균형을 유지한다면 모국어 습득에 문제가 발생할 확률은 높지 않을 것이다. 특히 가정에서 아이에게 올바른 언어를 사용하는 것은 조기 영어교육에서 특히 중요한 부분이다. 우리말 중간에 영어 단어를 혼합하여 사용한다든지, 영어 아웃풋을 바라고 아이의 영어 문장 사용을 재촉하는 등의 반응은 아이가 정서적인 불안을 느끼게 하여 올바른 모국어 사용에 문제가 될 수도 있다.

엄마표 영어는 영어를 잘하는 아이로 키우는 홈스쿨링이 아니다. 자연스럽게 생활 속에서 영어를 접하게 하여 아이 스스로 영어를 즐기고 영어의 재미를 알아 갈 수 있도록 도와주는 것이다. 아이와 엄마가 영어라는 언어로 같이 책을 읽고 노래 부르며 함께 추억을 쌓아가는 과정이다.

따라서 영어 실력이라는 목표를 정하고 목표달성을 위해 조급하고 전투적인 진행이 되지 않도록 주의해야 한다. 조금 늦더라도 천천히 아이의 속도에 맞춰 영어책을 읽고 노래 부르며 과정을 즐길 수 있어야 한다. 포기하지 않고 꾸준히 갈 수 있다면 누구나 성공적인 영어 진행을 할 수 있다는 사실을 기억했으면 좋겠다.

조기 영어교육 자체가 모국어 발달을 저해하는 것이 아니다. 조기 영어교육에 접근하는 엄마의 자세와 교육 방법이 아이의 모국어 발달을 늦게 하는 것이다. 따라서 아이와 함께하는 영어를 '영어 숙제'라고 생각하지 말고 아이와 함께하는 유대관계 쌓기의 한 가지 방법으로 접근하는 자세가 필요할 것이다.

영어 DVD, 자막으로 봐도 될까요?

영어 영상물을 활용할 때 자막(한글/영어)을 보여줘야 할지는 많은 부모의 고민일 것이다. 하지만 이는 아이의 나이와 영어 노출 정도에 따라 적절한 활용이 필요한 부분이다.

문자를 모르는 유아기의 아이들에게 자막은 의미가 없다. 자막은 화면을 덮는 방해물일 뿐이므로 가능하면 자막 없는 시청이 좋다. 하지만 문자를 읽을 수 있는 아이들은 자막을 보게 되면 소리보다 문자를 통해 내용을 이해하려 한다. 따라서 자막이 영어 소리 듣기에 방해가 될 수 있으므로 문자를 읽을 수 있지만 아직 영어에 익숙하지 않은 아이라면, 자막을 끄고 영상물을 시청하는 것이 더욱 효과적일 것이다.

그렇지만 웬만한 영상물은 자막 없이도 알아들을 수 있는 실력이 된 아이라면 자막을 켜고 보는 것도 좋은 방법이 될 수 있다. 자막은 아이가 모르는 단어를 확인할 수 있어 좋은 읽기 교재가 될 수 있기 때문이다. 또한 이런 아이들에게 영상물과 자막은 소리를 들으며 영어 자막을 읽는 집중듣기 교재로도 활용할 수 있다. 특히 논픽션 분야의 영상물이라면 전문 용어나 과학 용어 등을 습득하기 위해 영어자막을 보며 시청하는 것도 좋은 활용 방법이 될 수 있다.

영어 영상물의 자막 활용 여부는 아이의 나이와 영어 노출 정도 및 실력에 따라 다르게 활용해야 한다. 따라서 아이의 나이와 영어 진행 상태를 정확히 파악하고 활용하는 부모의 지혜가 필요하다.

> ▶ **영어 DVD 영상물 제대로 활용하기 TIP**
>
> 유아기는 언어 습득에 있어 놓치기 아까운 너무 좋은 시기입니다.
> 유아 영어 진행을 하며 많이 활용하지만 그만큼 걱정도 되고 궁금해하는 DVD 등 영상물 활용 어떻게 해야 될까요? 엄마표 영어를 하며 많은 부모들이 걱정하는 DVD 영상물을 제대로 활용할 수 있는 방법에 대해 알아보세요.
>
> **영어 DVD 보여줘, 말아?**

아이가 영어와 한국어를 섞어 써요

영어가 모국어가 아닌 우리나라에서 모국어와 영어를 동시에 배우다 보면 "엄마, *apple* 주세요."와 같이 영어와 우리말을 섞어서 사용하는 경우를 가끔 볼 수 있다. 괜히 조기 영어교육을 시작해서 우리말과 영어 사용이 헷갈리는 것은 아닌지, 엄마 욕심으로 아이의 언어습득에 문제가 생긴 것은 아닌지 걱정이 될 수 있다. 하지만 이는 이중 언어를 습득하는 과정에서 일시적으로 나타나는 경우가 대부분이다.

모국어와 동시에 이중 언어를 습득하는 아이들을 보면 두 가지 언어를 구분하지 못하고 혼합하여 쓰는 경우가 간혹 있다. 하지만 이런 현상은 이중 언어를 습득을 위한 조기 영어교육 자체의 문제라기보다, 교육자의 과다한 욕심과 잘못된 교육 방법에서 기인하는 경우가 많다. 이중 언어 사용을 위해 부모가 영어로 대화해 줄 때 한 문장 안에 영어와 한국어를 사용하게 되면 아이가 이를 그대로 모방하는 것이다. 부모의 올바른 언어 사용이 중요한 이유이다.

아이에게 영어를 알려주고 싶은 욕심에 "*apple* 먹자."라는 문장을 사용하기 보다는 간단하지만 "*This is an apple*"과 같이 영어만을 사용한 문장과 "사과 먹자."와 같이 한글만을 사용한 바른 문장으로 사용하여 대화하는 것이 좋다. 물론 부모가 모든 문장을 영어로 할 수 없으니 영어로 대화하다 막히면 한글 문장으로 말하면 된다.

아이들이 한글과 영어를 섞어 사용한다고 하더라도 부모가 올바른 문장을 사용하고 아이의 문장을 바르게 교정해 주면 된다. 그러면 이런 현상이 지속되지 않는 경우가 대부분이다. 걱정보다는 아이들에게 올바른 언어를 사용하려는 노력이 더 중요하다.

학습지, 영어 유치원, 학원 보내야 할까요?

아이와 함께하는 영어는 엄마의 독박 영어교육 프로그램이 아니다. 엄마와 아이가 주체가 되어 책과 생활 속에서 영어를 습득하는 것이지만, 엄마가 원어민이나 전공자가 아닌 이상 모든 것을 해결해 줄 수는 없다. 아이에게 새로운 동기부여가 필요할 때, 불규칙한 일정으로 꾸준한 영어 진행이 어려울 때, 엄마가 아이의 높은 영어 수준을 관리할 수 없을 때라면 학습지, 학원, 영어 유치원 등을 적절하게 활용하는 것도 필요하다. 엄마가 모든 것을 해결하고 학습지나 학원을 거부하는 것이 아니라 필요할 때는 적절히 활용하되, 영어 진행의 주도권을 학습지나 학원에 맡겨 버리는 것은 경계해야 한다.

유아기부터 영어를 시작한 아이들은 5~6세가 되면 영어로 말을 하기 시작한다. 그리고 유치원에서 한글을 배우기 시작하면서 문자에도 관심을 보이게 된다. 아이가 영어로 말을 시작하면 엄마가 전부 받아주기 힘든 경우가 많고 워킹맘이라면 아이에게 좀 더 많은 영어 인풋을 제공해 주고 싶기도 할 것이다.

이런 경우 아이가 영어로 의사소통이 가능하다면 영어 유치원을 보내는 것도 하나의 방법이 될 수 있다. 다만 영어 유치원을 보내더라도 집에서의 영어 진행은 꾸준히 지속하여야 한다. 집에서의 영어 진행은 영어 유치원에서의 인풋을 훨씬 잘 받아들일 수 있게 하고 원어민 교사와 수업에서 많은 것을 얻을 기회를 만들어 주기 때문이다.

아이가 초등학교 고학년이 되거나 사춘기가 되어 논픽션을 공부해야 하거나 한글 문법을 공부해야 한다면 단기간 학원을 활용해 보는 것도 좋다. 엄마와 함께 책을 통해 영어를 습득한 아이들은 공부를 강요하는 학원 시스템에 쉽게 적응하기가 힘들다. 하지만 오랜 기간 엄마와 영어를 진행했다면 몇 달간의 학원 경험만으로도 아이에게 동기부여가 되는 경우를 많이 봐왔다. 에세이 작성이나 영어 토론 등 엄마가 해줄 수 없는 영어영역에 대해서는 전문 학원의 도움을 받아 보는 것도 대안이 될 수 있다.

부모의 불규칙한 일정으로 규칙적인 영어 진행이 어렵거나 부모의 실력으로 아이의 영어를 더는 관리하기 어려운 경우라면 학원이나 학습지를 보조교재로 활용해 보는 것도 좋다. 학원·학습지라는 끈을 잡고 가며 꾸준한 영어 진행을 이어 가되, 학습지만 믿고 엄마와 함께하는 책 중심의 영어 진행을 멈추면 안 된다. 학습지에서 제공해 줄 수 있는 인풋의 양은 엄마와 함께하는 영어에 비해 아주 적다. 학습지는 자칫 느슨해질 수 있는 영어 진행을 잡아주는 보조교재로 활용하고 영어 진행의 주체는 여전히 엄마와 아이가 되어야 함을 잊지 말아야 한다.

영어책 꼭 사야 하나요?

  한 달에 몇십만 원씩 하는 학원비는 기꺼이 지급하면서 한 권에 1만 원짜리 영어책 구입 비용은 부담스러워하는 경우를 종종 본다. 영어학원은 비용만 지급하면 모든 걸 알아서 해줄 거라는 기대가 있지만, 영어책은 단순한 교재비용이라는 심리적인 면이 크게 작용하는 것 같다. 그런데 재미있는 것은 엄마와 함께하는 책 중심의 영어 진행은 초반에 조금 많다고 느꼈던 영어책 구입 비용이 영어 레벨이 올라갈수록 오히려 줄어들게 된다는 것이다.

  책으로 하는 영어를 시작하면 다양한 영어동화와 *DVD*를 초반에 많이 구입하게 된다. 영어를 처음 시작하는 아이들에게 영어의 재미를 느끼게 해 줄 재료가 필요하기 때문이다. 그런데 아이들이 스스로 책 읽기를 시작하면 책 구입 비용이 점점 줄어들게 된다. 스토리의 재미를 알아가면서 같은 책을 반복해서 읽게 되고, 오디오 없이 책만 구입하는 경우가 늘어나기 때문이다. 이에 비해 학습지나 학원은 저학년보다 고학년으로 올라갈수록 영어교육비가 점점 늘어난다.

그럼에도 불구하고 책 중심의 영어 진행을 하며 모든 영어책을 구입하는 것은 경제적으로 상당히 부담스러울 수밖에 없다. 또한 엄마가 구입한 영어책을 아이가 모두 좋아하고 잘 읽을 거라는 보장도 없다. 비싸게 구입한 영어책을 아이가 좋아하지 않으면 엄마는 기운이 빠지고 책 중심의 영어 진행에 회의가 들 수도 있다. 따라서 아이의 성장 시기, 성향 그리고 경제적인 상황을 고려하여 영어책 구입, 영어책 전문 대여점 활용, 도서관 대출 서비스를 적절하게 활용하는 것이 좋다.

유아기의 아이들은 책을 장난감처럼 활용하는 경우가 많으니 가능하면 이 시기는 책을 구입해 주는 것이 좋다. 다만 아이의 성향을 파악하는 것이 중요하다. 구입하기 전 도서관 등에서 영어책을 대여하여 읽어주며 반응을 살펴본 후 아이가 좋아하는 책을 구입하는 것이 효과적일 것이다.

아이가 책을 깨끗하게 잘 볼 수 있는 나이라면 영어책 전문 대여점을 활용해 보는 것도 좋다. 구입하는 동화책과 대여하는 동화책을 적절하게 섞어 활용하는 것이다. 한 달에 1~2회 정도 대여점 이용 횟수를 정해 활용하며 아이에게 다양한 영어동화를 접하게 해주는 것도 좋은 방법이다.

또한 리더스북나 챕터북 읽기 단계를 진행한다면 주변 도서관을 활용하면 의외로 효과를 볼 수 있다. 요즘은 영어책 읽기가 많이 알려져서 도서관에서도 아이들이 많이 읽는 단계의 리더스북나 챕터북을 종류별로 보유하고 있는 경우가 많다. 책뿐만 아니라 오디오 CD도 함께 대여 가능하다. 좀 더 다양한 리더스북을 읽히고 싶거나 리더스북을 구입하기 전 아이의 반응을 보고 싶다면 도서관의 대출 서비스를 활용해 보는 것이 좋다.

영어책은 가능하면 구입하는 것이 좋겠지만, 책 구입 비용이 부담스럽다면 영어책 전문 대여 서점과 도서관의 대출 서비스를 상황에 맞게 적절하게 활용해 보도록 하자.

엄마표 영어, 학교 내신 성적은 어쩌죠?

영어책을 중심으로 영어를 습득한 아이들도 우리나라에서 입시를 치러야 한다면 학교 내신 성적으로부터 자유로울 수 없다. 또한, 우리나라 영어 시험 방식은 예전과 많이 변하지 않았다. 그렇다면 한글 문법과 시험 영어에 익숙하지 않은 아이들은 내신 시험에 잘 적응 할 수 있을까?

어려서부터 언어로 영어를 접한 아이들은 '영어 감'이 뛰어나다. 이미 책을 통해 많은 문장을 봐왔고 스스로 말하고 써봤기에 문법 용어만 낯설 뿐이지 문법을 받아들이는 데 큰 어려움이 없다. 영어 교과서 본문도 학원표로 공부한 아이들보다 쉽고 빠르게 외울 수 있다. 게다가 영어책을 많이 읽어 지문을 읽어내는 속도도 빠르다. 듣기로 영어를 시작했으니 듣기 평가는 따로 공부할 필요가 없다.

엄마표로 영어를 습득한 아이들이라면 초등학교 고학년까지는 꾸준히 듣기, 말하기, 읽기, 쓰기의 균형을 맞춰 진행한다. 그리고 초등학교 고학년이 되면 영영 문법책으로 정확한 문장 말하기 쓰기를 학습하는 게 좋다. 앞에서 언급했지만, 영어 문법을 공부하는 이유는 틀린 문장을 찾아내기 위함이 아니고 정확한 문장을 말하고 쓸 수 있도록 하는 것이다.

영영 문법으로 정확한 문장 사용이 익숙해졌다면 한글 문법책으로 문법 용어를 정리하고 학교 수업 시간에 성실히 듣는다면, 아이 혼자 충분히 내신 성적에 대비 할 수 있다.

영어책 중심으로 영어를 습득하고 영어로부터 자유로워졌다면 학교 내신 성적은 크게 걱정하지 않아도 된다. 어려서부터 영어를 언어로 접한 아이들은 학교 내신 성적을 위한 공부를 할 내공이 충분히 쌓였기 때문이다.

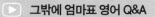 그밖에 엄마표 영어 Q&A

책에 담은 내용 외에 블로그와 유튜브 채널을 통해 많이 받았던 질문 내용을 영상으로 만들어 모았습니다.

①
 초등 저학년 영어,
학원 언제 보내요?

③
 오알티(ORT) 6단계가 되니
영어책 읽기를 힘들어해요

②
 아이가 자꾸 영어 해석을 해달래요
: 영어책 읽기 꿀팁 3가지

엄마표 영어 원칙

⊙ 초등학생이라면 방학에 엄마표 영어 캠프를 계획하자

아이들은 고등학교 입학 후 영어에 투자할 시간이 많지 않다. 과목도 많아지지만, 교과 공부 외에도 해야 할 수행평가와 각종 교내 활동, 봉사 활동 등 할 일이 너무 많기 때문이다. 중학교에는 중2병이라는 무서운 사춘기도 기다리고 있다.

엄마와 함께하는 영어 진행은 어떤 시기에 시작했던지 글을 익히기 시작한 후에는 '아이 스스로 책 읽기'를 중심으로 진행된다. 초등학교에 입학하게 되면 유치원 시절과 달리 아이들의 시간이 매우 빡빡해진다. 학기 중에는 아이가 여유롭게 책 읽기의 재미에 풍덩 빠지기 쉽지 않다. 그러니 상대적으로 시간적 여유가 있는 방학 기간을 아이의 책 읽기 집중 기간으로 정해보자. 영어 캠프하듯 책 읽기를 진행해 보면 아이의 영어 실력이 쑥 올라가는 것을 느낄 수 있을 것이다.

아이의 방학이 시작하기 전 아이가 읽을 한글책과 영어책을 미리 준비하도록 한다. 많은 부모가 방학에 읽힐 책을 미리 구입하기 때문에 방학이 시작된 후 책을 준비하려면 품절이 되거나 읽고 싶은 책을 제때 받아 볼 수 없다. 미리 준비하는 책의 목록은 철저하게 아이의 취향을 고려해 선택하고 가능하면 방학에 다른 사교육은 줄이고 아이가 여유롭게 책 읽기를 즐길 수 있도록 하는 것이 좋다.

　물론 학기 중에 못 했던 많은 것들을 가르치고 싶겠지만 아이가 가진 시간은 한정되어 있으니 우선순위를 정할 수밖에 없다. 초등학교 방학은 아이가 여유 있게 영어책의 세계에 풍덩 빠져 즐길 수 있는 제일 좋은 시기라고 할 수 있다. 닥쳐서 우왕좌왕하지 말고 엄마가 먼저 준비하여 아이가 즐기며 영어책을 읽을 수 있도록 실천해 보자.

아이의 방학이 시작하기 전 아이가 읽을 한글책과 영어책을 미리 준비하도록 한다. 많은 부모가 방학에 읽힐 책을 미리 구입하기 때문에 방학 이 시작된 후 책을 준비하려면 품절이 되거나 읽고 싶은 책을 제때 받아 볼 수 없다. 미리 준비하는 책의 목록은 철저하게 아이의 취향을 고려해 선택하고 가능하면 방학에 다른 사교육은 하지 않고 아이가 여유롭게 책 읽기를 즐길 수 있도록 하는 것이 좋다.

※ 아이들과 함께 읽었던 영어 동화와 많은 영어책 대부분은 나처럼 엄마표 영어를 하는 동생에게 물려주어, 지금 집에 남아 있는 책이 많지는 않지만, 책꽂이에 남아있는 책들을 볼 때마다 아이들과 함께했던 시간이 생각난다. 함께 읽은 책들은 아이들과 소중한 추억을 꺼내주곤 한다.

그날따라 업무가 많아 유난히 바빴다. 한참을 일하다 핸드폰을 보니 모르는 번호에서 전화가 여러 번 와 있었다.

'어디서 온 거지? 모르는 번호인데…'

전화를 해볼까 하다 밀려드는 업무에 다시 핸드폰을 내려놓았다.

얼마 후 다시 울리는 벨 소리에 전화기를 잡았다.

"안녕하세요?, ○○○어머님 맞으시죠?"

"네, 제가 ○○○ 엄만데요."

"여기는 ○○○ 글로벌 리더스 포럼 주최 사무국이고요, ○○○학생이 4학년 최종 글로벌 리더스 포럼 10인에 선발되었습니다. 축하드립니다, 어머니!"

'오늘이 최종 발표일이었구나! 시험을 치르고 까맣게 잊고 있었는데 최종 합격이라니!!'

순간 그동안에 영어 진행이 머릿속을 스치고 지나갔다.

아이들이 어렸을 때부터 영어를 진행해 온 나는 사람들에게 두 가지 시선을 함께 받아왔다. 나의 영어 교육 방식을 응원하는 사람들은 노하우를 공유하고자 했지만, 다른 시각을 가진 사람들은 조기 영어교육의 '결과'에만 의미를 두었다. 내가 아이 성적에만 몰두하는 '극성 엄마'라는 시선으로 바라보기도 했다.

하지만 아이들과 함께하는 영어는 내가 더 많은 관심을 가지고 아이들을 알아 가는 시간이었다. 매일 밤 아이들과 영어동화를 읽으며 수많은 이야기를 나누고, 영어동요를 부르고, 놀이를 하며 사랑을 표현하는 방법을 알게 되었다. 직장 생활을 하면서도 아이들과 부대낄 수 있는 소중한 시간을 선물 받을 수 있었다. 이런 시간은 아이들과의 교감과 소통의 시간이 되어 주었다.

아이들 또한 매일 밤 엄마와 재미있는 영어동화를 읽으며 자신들과 다른 세상에 사는 다양한 사람들의 생활과 문화를 간접 경험 할 수 있었다. 엄마와 즐겁게 동화를 읽고 노래한 영어라는 언어는 아이들에게 너무도 익숙했다. 영어는 공부의 대상이 아니라 자신들이 좋아하는 책을 읽고, 영화를 보고, 유튜브나 구글에서 필요한 자료를 찾아볼 수 있는 도구일 뿐이었다. 외국 한번 다녀오지 않고 당당히 글로벌 리더로 선발되는 기쁨을 맛보기도 했다.

나는 영어동화나 영어동요를 전혀 모르는 상태에서 아이들과 영어를 시작하였다. 아이들과 함께하며 하나씩 배워 나갔고 그런 과정이 즐겁고 재미있었다. 그러다 보니 새로운 영어교육법을 찾아보고 실천하는 것은 숙제가 아닌 아이들과 함께하는 행복 찾기 과정이었다.

두 아이를 품에 안고 책을 읽어 주다 보면 따스하고 행복한 기운이 느껴졌다.

나도 몰랐던 영미권의 문화를 아이들과 함께 찾아보는 것은 신기하고 즐거웠다. 아이들은 엄마의 기분을 누구보다 먼저 알게 된다. 내가 아이들과 함께하는 영어를 즐기다 보니 아이들 역시 엄마와 함께하는 영어를 즐거워했고 그러다 보니 아이들은 나보다 먼저 영어책을 집어 들게 되었다.

엄마가 먼저 즐겨야 아이도 즐길 수 있다.

엄마가 숙제라고 느끼는 순간 아이도 영어를 공부로 느끼게 된다. 아이와 함께하는 영어를 숙제가 아닌 아이와 함께하는 놀이이자 추억으로 만들고 즐겨보자. 그렇게 즐기다 보면 '영어 실력'은 분명 덤으로 자연스럽게 따라오게 될 것이다.

아이와 영어를 한다는 것은 공부 잘하는 아이로 키운다는 것이 아니다. 아이에게 모국어 외에 영어라는 언어를 하나 더 습득할 기회를 주고, 그 과정에서 아이와 부모의 유대관계가 더 돈독해지고, 바른 인성의 아이로 성장 할 수 있기를 바라는 것이다. 그리고 그렇게 습득한 '영어라는 무기'는 아이가 살아갈 세상에서 그 무엇보다 큰 힘이 되어 줄 수 있을 것이다.

Learn to read 시리즈
(AR 1 미만)

I can read 시리즈 My first 단계
(AR 0.7~2.3)

**Oxford Reading Tree(ORT)
시리즈 stage 1~4**
(AR 0.3~1.2)

**STEP into READING 시리즈
level 1**
(AR 1.2~1.6)

HELLO READER 시리즈 level 1
(AR 0.6~2.3)

Little Critter 리더스 시리즈
(AR 0.6~1.8)

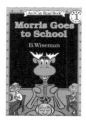

I can read 시리즈 level 1
(AR 0.9~2.6)

Eloise 시리즈
(AR 1.0~1.5)

Caillou 시리즈
(AR 1.1~3.0)

옥스포드 리딩트리(Oxford Reading Tree, ORT] 시리즈 Stage 5~9
(AR 1.2~2.5)

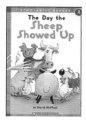

SCHOLASTIC Hello READER 시리즈 level 2
(AR 1.2~2.5)

STEP into READING 시리즈 level 2
(AR 1.3~2.2)

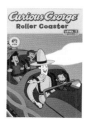

Curious George 리더스 시리즈
(AR 1.3~2.7)

Little Critter 픽쳐북 시리즈
(픽쳐북 AR 1.3~3.1)

Arthur StARter 시리즈
(AR 1.5~2.0)

**STEP into READING 시리즈
level 3**
(AR 1.7~2.9)

Froggy 시리즈
(AR 1.7~3.0)

The Berenstain BeARs 시리즈
(AR 1.7-4.5)

I can read 시리즈 level 2
(AR 1.9~3.2)

Henry and Mudge 시리즈
(AR 2.1~2.9)

**SCHOLASTIC Hello READER
시리즈 level 3**
(AR 2.2~3.0)

Arthur Adventures 시리즈
(AR 2.2~3.2)

I can read 시리즈 level 3
(AR 2.2~4.8)

Curious George 픽쳐북 시리즈
(픽쳐북 AR 2.5~3.5)

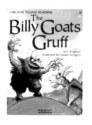

**Usborne Young Reading
level 1**
(AR 2.8~3.6)

대표적인 챕터북 목록

**Chameleons(카멜레온)
챕터북 시리즈**
(AR1.8~2.2)

Junie B, Jones 시리즈
(AR 2.6~3.1)

Magic Tree House 시리즈
(AR 2.6~4.2)

Nate the Great 시리즈
(AR 2.7~3.6)

MARvin Redpost 시리즈
(AR 2.7~3.6)

The Zack Files 시리즈
(AR 2.7~3.9)

Horrible HARry 시리즈
(AR 2.8~3.6)

Arthur 챕터북 시리즈
(AR 2.9~3.2)

Katie Kazoo 시리즈
(AR 2.9~3.7)

The Secrets of Droon 시리즈
(AR 2.9~4.4)

Horrid Henry 시리즈
(AR 3.1~3.8)

A to Z Mysteries 시리즈
(AR 3.2~4.0)

Sponge Bob SquARe Pants
(AR 3.2~4.1)

Andrew Lost 시리즈
(AR 3.3~4.0)

Amber Brown 시리즈
(AR 3.4~4.1)

Geronimo Stilton 시리즈
(AR 3.4~5.1)

Terry DeARy's Historical Tales 시리즈
(AR 3.5~3.6)

Time WARp Trio 시리즈
(AR 3.5~4.2)

**Usborne Young Reading
level 2**
(AR 3.5~4.6)

Magic School Bus 시리즈
(AR 3.5~4.7)

Encyclopedia Brown 시리즈
(AR 3.9~4.8)

Captain Underpants 시리즈
(AR 4.3~5.3)

Franny K. Stein 시리즈
(AR 4.5~5.0)

본 책의 추천 도서에는 단계별 활용을 위해 편의상 AR 리딩 레벨을 표기하였습니다. 하지만 동일 시리즈도 도서별로 조금씩 차이가 있습니다. 정확한 AR지수는 AR 북파인드 홈페이지(www.arbookfind.com)에서 확인할 수 있습니다.